Forum Geschichte

# Arbeitsheft Geschichte 4

## Vom Ende des Ersten Weltkrieges bis zur Gegenwart

Mit Lesetraining, Wahlaufgaben, Methodenseiten „Bilder“ und „Urteilen“

Erarbeitet von Andreas Angerstein und Marko Schulz

Cornelsen

# Inhalt

## Kapitel 4: Deutschland nach 1945 bis zum Mauerbau 50–65

## Kapitel 5: Deutschland von der Teilung bis zur Vereinigung 66–79

# Personen in der Geschichte

*Bereits im Herbst 1918 erkannte die Oberste Heeresleitung (OHL), dass der Krieg nicht mehr zu gewinnen war. Wie Deutschland jedoch nach dem Krieg aussehen sollte, darüber gingen die Meinungen auseinander.*

*Die Folgeereignisse leiteten in Deutschland eine neue Epoche ein. Die unten abgebildeten Personen sollten in diesem neuen Deutschland eine wichtige Rolle spielen.*

- *Wie sahen sie die Zukunft Deutschlands?*

## M1 Personen der Weimarer Zeit

*Philipp Scheidemann*

*Franz von Papen*

*Rosa Luxemburg*

*Heinrich Brüning*

*Paul von Hindenburg*

*Gustav Stresemann*

## M2 Argumente zur Frage: „Wie soll Deutschland nach dem Krieg aussehen?“

| Name | Name |
| --- | --- |
| | |

1 Notiere zu den in M1 abgebildeten Personen mithilfe deines Lehrbuches bzw. mithilfe des Internets biografische Eckdaten und Stichworte zu ihrer politischen Rolle.

2 Wähle zwei Personen aus und sammle in ihrem Namen Argumente zu der Frage: „Wie soll Deutschland nach dem Krieg aussehen?“

# Kieler Matrosenaufstand – Revolution in Deutschland

*24. Oktober 1918 – trotzdem der Erste Weltkrieg für das Deutsche Kaiserreich verloren ist, befiehlt der Stab der Hochseeflotte das Auslaufen zu einem letzten „ehrenvollen“ Gefecht gegen britische Verbände. Aufgrund der absehbaren Niederlage kam es aufseiten der kriegsmüden Matrosen zu Befehlsverweigerung, Sabotage und auf einige Schiffen sogar zu offener Meuterei. Dieser Kieler Matrosenaufstand wurde zum Ausgangspunkt der Novemberrevolution und führte zu einem raschen Untergang der Monarchie in Deutschland. Worum es in dieser Revolution ging, kannst du auf dieser Seite erfahren.*

M 1

**Soldaten und Matrosen vor dem Brandenburger Tor in Berlin im November 1918**

**1 Wähle eine Aufgabe aus:**

**a)** Beschreibe das Bild und konzentriere dich dabei auf die auf dem Auto sich befindenden Personen.

**b)** Wähle eine Person auf dem Auto aus und verfasse aus ihrer Sicht einen Brief an einen Freund, in dem du von diesem Tag berichtest.

# „Der Kaiser hat abgedankt!"

*Am 3. Oktober 1918 ernannte Kaiser Wilhelm II. Prinz Max von Baden zum Reichskanzler. Er sei, so dachte man, aufgrund seiner internationalen Reputation der richtige Mann für die anstehenden Waffenstillstandsverhandlungen. Mit der von ihm gebildeten Regierung, die erstmals von der Reichstagsmehrheit getragen wurde, vollzog sich der Übergang von der konstitutionellen zur parlamentarischen Monarchie. Anfang November erreichte die revolutionäre Bewegung der Arbeiter- und Soldatenräte Berlin und am 9. November 1918 spitzten sich die Ereignisse zu.*

- *Welche Folgen hatte dieser Tag für die deutsche Geschichte?*

M 1

## „Der Kaiser hat abgedankt!" – 2. Extra-Ausgabe des „Vorwärts" vom 9. November 1918

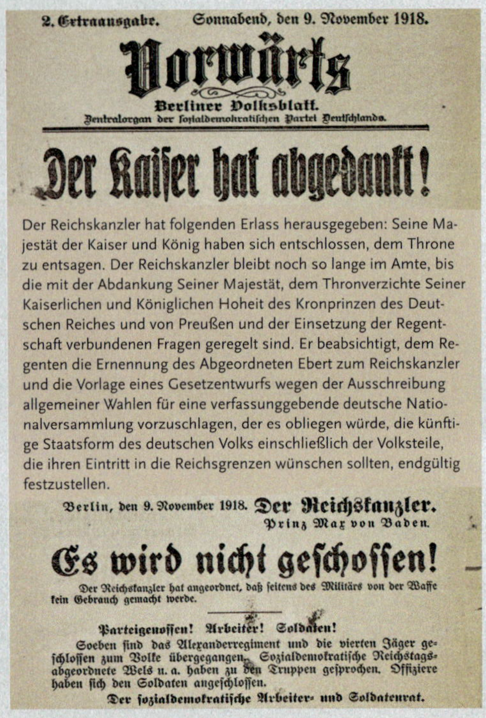

2. Extraausgabe. Sonnabend, den 9. November 1918.

**Vorwärts**

Berliner Volksblatt.

Zentralorgan der sozialdemokratischen Partei Deutschlands.

**Der Kaiser hat abgedankt!**

Der Reichskanzler hat folgenden Erlass herausgegeben: Seine Majestät der Kaiser und König haben sich entschlossen, dem Throne zu entsagen. Der Reichskanzler bleibt noch so lange im Amte, bis die mit der Abdankung Seiner Majestät, dem Thronverzichte Seiner Kaiserlichen und Königlichen Hoheit des Kronprinzen des Deutschen Reiches und von Preußen und der Einsetzung der Regentschaft verbundenen Fragen geregelt sind. Er beabsichtigt, dem Regenten die Ernennung des Abgeordneten Ebert zum Reichskanzler und die Vorlage eines Gesetzentwurfs wegen der Ausschreibung allgemeiner Wahlen für eine verfassunggebende deutsche Nationalversammlung vorzuschlagen, der es obliegen würde, die künftige Staatsform des deutschen Volks einschließlich der Volksteile, die ihren Eintritt in die Reichsgrenzen wünschen sollten, endgültig festzustellen.

Berlin, den 9. November 1918. Der Reichskanzler.
Prinz Max von Baden.

**Es wird nicht geschossen!**

Der Reichskanzler hat angeordnet, daß seitens des Militärs von der Waffe kein Gebrauch gemacht werde.

Parteigenossen! Arbeiter! Soldaten!

Soeben sind das Alexanderregiment und die vierten Jäger geschlossen zum Volke übergegangen. Sozialdemokratische Reichstagsabgeordnete Wels u. a. haben zu den Truppen gesprochen. Offiziere haben sich den Soldaten angeschlossen.

Der sozialdemokratische Arbeiter- und Soldatenrat.

**Inhaltszusammenfassung M1:**

**Darstellung im Lehrbuch:**

1 Analysiere M1 und filtere die folgenden Aspekte heraus, indem du sie markierst oder in Stichworten notierst: Autor bzw. Auftraggeber, Veröffentlichungsort und -jahr, Quellenart, Thema, Adressat, Textsprache, Absicht.

2 Fasse die Textaussagen zusammen.

3 Vergleiche deine Aufzeichnungen mit den Inhalten deines Lehrbuchs zu den Ereignissen im Herbst 1918.

# Der Versailler Vertrag – eine gerechte Strafe?

*Am Ende des Ersten Weltkrieges lag das Deutsche Reich am Boden. Der Kaiser dankte am 9. November 1918 ab – die Republik wurde ausgerufen. Zwei Tage später wurde der Waffenstillstandsvertrag im Wald von Compiègne unterzeichnet. Im Pariser Schloss Versailles, wo das Deutsche Reich 1871 ausgerufen worden war, fanden die Friedensverhandlungen der Entente ohne deutsche Beteiligung statt. Sie dauerten vom Januar bis zum Juni 1919.*

- *Welche Bestimmungen ergaben sich durch den Versailler Vertrag?*
- *Wie wurden diese in Deutschland aufgenommen?*

**M 1** **Übersicht über die Bestimmungen des Versailler Vertrages**

| Nr. | Bestimmung | Themenbereich |
|---|---|---|
| | | |
| | | |
| | | |
| | | |
| | | |

**M 2** **Der SPD-Reichskanzler Gustav Bauer (1870–1944) fordert am 23. Juni 1919 die Annahme des Versailler Vertrages – wenige Stunden, bevor das alliierte Ultimatum ablief.**

Die Entente […] will uns das Schuldbekenntnis auf die Zungen zwingen […]; es soll uns nichts, gar nichts erspart bleiben. Zur Verknechtung wollen uns die Feinde auch noch die Verachtung aufbürden! […]
Unsere Hoffnung, mit dem einzigen Vorbehalt einer Ehrenbewahrung bei unseren Gegnern durchzudringen, war nicht sehr groß. Aber wenn sie auch noch geringer gewesen wäre: Der Versuch musste gemacht werden. Jetzt, wo er misslungen, an dem sträflichen Unmut der Entente gescheitert ist, kann und muss die ganze Welt sehen: Hier wird ein besiegtes Volk an Leib und Seele vergewaltigt wie kein Volk je zuvor! […] Unterschreiben wir! Das ist der Vorschlag, den ich Ihnen, im Namen des gesamten Kabinetts, machen muss. Bedingungslos unterzeichnen! Ich will nichts beschönigen.

*Zit. nach: Wolfgang Elben, Die Weimarer Republik, Frankfurt am Main (Diesterweg) 1975, S. 40 f.*

**1** Erarbeite dir die wichtigsten Bestimmungen des Versailler Vertrages aus deinem Lehrbuch und notiere dazu Stichworte in der Tabelle M1. Ordne sie den Bereichen Wirtschaft, Territorium, Militär, Politik und Sonstiges zu.

**2** Fasse die Aussage aus der Quelle M2 zusammen.

**3** Verfasse eine Gegenrede zu der Position Bauers und schreibe diese in dein Heft.

# Die Weimarer Verfassung

*Am Endpunkt der Novemberrevolution war mit den Wahlen zur verfassunggebenden Nationalversammlung der Weg in eine demokratische Staatsordnung vorgezeichnet. Diese Wahlen fanden am 19. Januar 1919 statt und brachten eine Mehrheit für die sogenannte Weimarer Koalition aus SPD, Zentrum und DDP. Die Beratungen wurden in Weimar abgehalten, da in Berlin weiterhin Unruhen tobten. Am 11. August 1919 unterschrieb Friedrich Ebert die Verfassung und gründete damit die Weimarer Republik als erste deutsche Demokratie.*

- *Wie wird dieser erste demokratische Versuch bewertet?*

**M 1**

**Der Historiker Detlev J.K. Peukert schrieb 1987 über die Weimarer Reichsverfassung**

Der Sieg der konstitutionellen Revolution drückte sich am klarsten in der Verfassungsgebung aus. Dennoch lässt sich die Verfassung kaum als Krönung der Revolution beschreiben, weil ihre Verabschiedung vergleichsweise unspektakulär verlief und sich daher in das Gedächtnis der Zeitgenossen nicht als symbolkräftiges Ereignis eingeprägt hat. [...] Wenig beachtet von den Zeitgenossen, ungeliebt von nahezu allen politischen Strömungen in den darauffolgenden Jahren der Weimarer Republik, viel gescholten durch die Historiker: mit dem Hauptdokument der deutschen Demokratiegeschichte ist wenig Staat zu machen. Man könnte der Weimarer Reichsverfassung jedoch ein wenig gerechter werden, wenn man sie weder an den Erwartungen misst, die schon der Revolutionsverlauf und die Zwangslagen der Nachkriegszeit enttäuschen mussten, noch ihr alle Übelstände des nachfolgenden Umgangs mit den Verfassungsbestimmungen (oder gar gegen sie) zurechnet. [...] Historiker und Zeitgenossen haben die Weimarer Verfassung danach beurteilt, was man in der politischen Praxis aus ihr gemacht hatte. Selbstredend ist es einer Verfassungsidee zuzurechnen, welche Anwendungen und Verformungen sie ermöglicht. Gerecht wird man ihr aber nur dann, wenn man auch jene in ihr ebenfalls angelegten alternativen Entwicklungen berücksichtigt, die unter den politischen Bedingungen der Zwanzigerjahre nicht zum Zuge kamen. Gerade wenn sich eine Verfassung so sehr als offener Kompromiss präsentiert, wie die Verfassung der ersten deutschen Republik von 1919, muss man auch ihren ungenutzt gebliebenen Angeboten für einen demokratischen Neubeginn nachspüren.

*Zit. nach: Detlev J.K. Peukert: Die Weimarer Republik. Krisenjahre der Klassischen Moderne (= Neue Historische Bibliothek, hg. v. Hans-Ulrich Wehler), Frankfurt am Main (Suhrkamp) 1987, S. 46–48.*

**M 2**

**Übersicht über die Bestimmungen des Versailler Vertrages**

| Nr. | Argument | Erläuterung |
|---|---|---|
| 1 | Kompromisscharakter der Verfassung | |
| 2 | Föderalismus und die Rolle Preußens | |
| 3 | große Machtstellung des Reichspräsidenten | |
| 4 | Missbrauch von Verfassungsbestimmungen | |

Peukert: ______________________________

M 3

**Der Historiker Heinrich August Winkler zur Weimarer Reichsverfassung, 2000**

Der Gewinn an politischer Freiheit, den die Weimarer Reichsverfassung den Deutschen brachte, war groß. Die Bewahrung der Freiheit in schwierigen Zeiten aber durch die Verfassung nicht gesichert. Die „demokratischste Demokratie der Welt" war nicht nur durch die Kräfte bedroht, die sie ablehnten und bekämpften. Sie war vielmehr so verfasst, dass sie sich selbst aufheben konnte.

*Zit. nach: Heinrich August Winkler, Der lange Weg nach Westen, Bd. 1: Deutsche Geschichte vom Ende des Alten Reichs bis zum Untergang der Weimarer Republik, München (C.H. Beck) 72010, S. 407.*

Winkler: ________________________________________

________________________________________________

M 4

**Der Historiker Hans Mommsen zur Weimarer Reichsverfassung, 1998**

Die Weimarer Reichsverfassung ist daher nicht ganz zu Unrecht ein „Produkt obrigkeitsstaatlichen Denkens" genannt worden. In der Tat hielt sie am Primat der Staatsräson fest und leugnete in letzter Konsequenz die Einheit von Staat und Gesellschaft. [...] Es nahm niemand Anstoß daran, daß hohe Beamte des Reiches und der Länder an den Arbeiten des Verfassungsausschusses maßgebend beteiligt waren. Die Nationalversammlung stellte zudem das direkte Gegenteil einer revolutionären Konstituante dar; indem sie neues Verfassungsrecht setzte, restituierte sie die in den revolutionären Wirren verlorengegangene staatsrechtliche Kontinuität. Von den Parteien ging keine prägende Kraft auf den Verfassungsgebungsprozess aus [...].

*Zit. nach: Hans Mommsen, Aufstieg und Untergang der Republik von Weimar 1918–1933, Berlin (Ullstein) 32009, S. 83.*

Mommsen: ________________________________________

________________________________________________

M 5

**Eigene Bewertung**

________________________________________________

________________________________________________

________________________________________________

________________________________________________

________________________________________________

________________________________________________

________________________________________________

________________________________________________

---

1 Lies dir M1 gut durch. In M2 findest du eine Auswahl der Argumente Peukerts. Erläutere diese Argumente mithilfe deines Lehrbuchs und einer Internetrecherche. Notiere Stichworte in M2.

2 Fasse die These Peukerts aus M1 in maximal drei Sätzen zusammen.

3 Lies M3 und M4. Fasse die Thesen von Winkler (M3) und Mommsen (M4) in je einem Satz zusammen.

4 Formuliere abschließend in M5 ein eigenes Urteil zur Weimarer Reichsverfassung und begründe dieses.

# Die Krisenjahre der Republik

*In den Jahren 1920 bis 1923 wurde die junge Republik auf den Prüfstand gestellt. Verschiedene Ereignisse verdeutlichten, dass Friedensschlussbedingungen und Staatsform nicht in allen Kreisen Zuspruch fanden. Zudem verschärfte sich die Inflation in Deutschland.*

- *Wer stellte die Existenz der neuen Ordnung infrage?*

M1

Kundgebung!

Die bisherige Reichsregierung hat aufgehört zu sein. Die gesamte Staatsgewalt ist auf den mitunterzeichnenden Generallandschaftsdirektor Kapp-Königsberg i. Pr. übergegangen. Zum militärischen Oberbefehlshaber und gleichzeitig als Reichswehrminister wird vom Reichskanzler der General der Infanterie Freiherr von Lüttwitz berufen. Eine neue Regierung der Ordnung, der Freiheit und der Tat wird gebildet.

Freiherr von Lüttwitz Kapp

M2

Abend-Ausgabe

1 Mark

Vorwärts

Berliner Volksblatt

Zentralorgan der Sozialdemokratischen Partei Deutschlands

Sonnabend, den 24. Juni 1922

Rathenau ermordet!

Berlin, 24. Juni. (WTB.) Nach einer amtlichen Mitteilung wurde heute vormittag Minister Rathenau, kurz nachdem er seine Villa im Grunewald verlassen hatte, um sich in das Auswärtige Amt zu begeben, erschossen und war sofort tot. Der Täter fuhr im Auto nebenher und sauste nach vollbrachter Tat weiter.

M1 ______________________

M2 ______________________

M3

M4

M3 ______________________

M4 ______________________

M 5

**Rechtliche Ahndung politischer Morde in der Weimarer Republik, veröffentlicht von dem Mathematiker Julius Gumbel 1922 in seiner Studie „Vier Jahre politischer Mord“**

| begangen von | links | rechts |
|---|---|---|
| Gesamtzahl | 22 | 354 |
| davon ungesühnt | 4 | 326 |
| teilweise gesühnt | 1 | 27 |
| gesühnt | 17 | 1 |
| Zahl der Verurteilungen | 38 | 24 |
| geständige Täter freigesprochen | 0 | 23 |
| Haft je Mord | 15 Jahre | 4 Monate |
| Zahl der Hinrichtungen | 10 | 0 |

M 6

Titel:

1 Datiere die Bilder M1 bis M4 und benenne die Krisen.

2 Erarbeitet euch gemeinsam den historischen Kontext zu den einzelnen Krisen mithilfe eures Lehrbuches bzw. des Internets. Notiert Stichpunkte.

3 Überprüfe und beurteile mithilfe der Statistik M5 das Vorgehen der Weimarer Justiz. Leite daraus Folgen für die Republik ab.

**4 Wähle eine Aufgabe aus:**

a) Gib dem Bild M6 einen Titel. Verfasse seine Entstehungsgeschichte aus Sicht des Fotografen.

b) Gib dem Bild M6 einen Titel. Wähle dir eines der abgebildeten Kinder aus und verfasse aus dessen Sicht einen Tagebucheintrag.

# Phase der relativen Stabilität

*Die Zeit von 1924 bis 1929 wird von vielen Historikern als „Phase der relativen Stabilisierung" in der Geschichte der Weimarer Republik bezeichnet. Zwar gab es auch in diesen Jahren Krisen, doch waren sie im Vergleich zu den vorangegangenen und nachfolgenden Jahren weniger gravierend. Maßgeblichen Anteil an der positiven Entwicklung hatte Gustav Stresemann, der 1926 für sein Wirken den Friedensnobelpreis bekam. Unter seiner außenpolitischen Führung wurde Deutschland zu einem gleichberechtigten Partner im Kreise der europäischen Mächte.*

- *Wie konnte das erreicht werden?*
- *Wie kann das Wirken Stresemanns bewertet werden?*

**M 1** **Zeitstrahl**

**M 2** **Plakat der Deutschnationalen Volkspartei (DNVP) zur Reichstagswahl 1928**

**M 3** **Brief von Gustav Stresemann an Wilhelm von Preußen vom 7.9.1925 („Kronprinzenbrief“)**

[...] Zu der Frage des Eintritts in den Völkerbund möchte ich Folgendes bemerken: die deutsche Außenpolitik hat nach meiner Auffassung für die nächste, absehbare Zeit drei große Aufgaben:

Einmal die Lösung der Reparationsfrage in einem für Deutschland erträglichen Sinne und die Sicherung des Friedens, die die Voraussetzung für eine Wiedererstarkung Deutschlands ist.

Zweitens rechne ich dazu den Schutz der Auslandsdeutschen, jener zehn bis zwölf Millionen Stammesgenossen, die jetzt unter fremdem Joch in fremden Ländern arbeiten.

Die dritte große Aufgabe ist die Korrektur der Ostgrenzen: die Wiedergewinnung von Danzig, vom polnischen Korridor und eine Korrektur der Grenze in Oberschlesien. Im Hintergrund steht der Anschluss von Deutsch-Österreich [...].

Wollen wir diese Ziele erreichen, so müssen wir uns aber auch auf diese Aufgaben konzentrieren. Daher der Sicherheitspakt, der uns einmal den Frieden garantieren und England sowie [...] Italien als Garanten der deutschen Westgrenze festlegen soll. Der Sicherheitspakt birgt andererseits in sich den Verzicht auf eine kriegerische Auseinandersetzung mit Frankreich wegen der Rückgewinnung Elsass-Lothringens, [...] der aber insoweit nur theoretischen Charakter hat, als keine Möglichkeit eines Krieges gegen Frankreich besteht. [...] Zudem sind alle Fragen, die dem deutschen Volk auf dem Herzen brennen, [...] Angelegenheiten des Völkerbundes [...]. Die Frage des Optierens zwischen Osten und Westen erfolgt durch unseren Eintritt in den Völkerbund nicht. [...] Ich warne vor einer Utopie, mit dem Bolschewismus zu kokettieren. [...] Das Wichtigste ist [...] das Freiwerden deutschen Landes von fremder Besatzung. Wir müssen den Würger erst vom Halse haben. [...] Deshalb wird die deutsche Politik [...] in dieser Beziehung zunächst darin bestehen müssen, zu finassieren* und den großen Entscheidungen auszuweichen.

Ich bitte (Eure Kaiserliche Hoheit), [...] diesen Brief selbst – den ich absichtlich nicht unterzeichne, damit er nicht, auch nur aus Versehen, in fremde Hände fällt – freundlichst unter dem Gesichtspunkt würdigen zu wollen, dass ich mir natürlich in allen meinen Äußerungen eine große Zurückhaltung auferlegen muss. [...]

*Gustav Stresemann, Vermächtnis, Bd. II, hg. v. Henry Bernhard, Ullstein, Berlin 1932, S. 553; zit. nach: Informationen zur politischen Bildung, Nr. 261, Bonn 2011; bearb. v. A. Angerstein.*

* *finassieren = Tricks anwenden, um etwas zu erreichen*

1 Trage an den Zeitstrahl M1 bedeutende politische und wirtschaftliche Ereignisse der Jahre 1922 – 1929 ein, die zur Stabilisierung der Republik führten.

2 Beschreibe die Gestaltungsmittel in M2 und erläutere die Einstellung der DNVP zum Vertrag von Locarno.

3 Lies M3 und formuliere Stichworte zu den Motiven und Zielen von Stresemanns Außenpolitik.

# Die goldenen 20er-Jahre

*Die Mitte der 1920er-Jahre wird als „Goldene Zwanziger“ bezeichnet. Der Begriff rührt von kulturellen Entwicklungen, künstlerischen Leistungen und auch wissenschaftlichen Entdeckungen sowie technischen Erfindungen her. Rundfunk und Film läuteten das Zeitalter einer neuen Massenkultur ein, die neue Musikrichtungen wie Swing und Jazz sowie Tänze wie Charleston und Foxtrott hervorbrachte. Die Tageszeitungen erlebten einen Aufschwung, da durch neue Druckmaschinen nun Massenauflagen sowie täglich mehrmaliges Erscheinen möglich waren. Diese neue Medienkultur zeigte sich zudem anhand von Werbung, die eine neue Zielgruppe entdeckte: die Frau.*

*Die Entschlüsselung solcher Werbeplakate als historische Quelle folgt einer bestimmten Methode, die du hier einüben kannst.*

M 1

## Arbeitsschritte zur Methode „Werbeplakate analysieren“

**Schritt A: Erste Eindrücke sammeln**
Beschreibe die erste Wirkung des Plakats. Was fällt sofort ins Auge?

**Schritt B: Formale Analyse des Plakats**

**Schritt C: Inhaltliche Analyse des Plakats**
Nenne die abgebildeten Details (Textaussagen, Bilder, Farben, Symbole, Größenverhältnisse und Anordnung von Text und Bild).
Erkläre die Details in ihrer Wirkung.

**Schritt D: Intention des Auftraggebers**
Welche Absicht verfolgt der Auftraggeber?
Welche Wirkung wurde tatsächlich erreicht?

**Schritt E: Historischer Kontext**
Ordne das Plakat in den historischen Zusammenhang ein (wichtige Ereignisse, Personen usw.).

**Schritt F: Fazit**
Bewerte das Plakat vor dem Hintergrund der beabsichtigten Wirkung.

M 2

*Werbepostkarte der Firma AEG für den Staubsauger Vampyr, Deutschland um 1925, 14,7x10,4 cm*

## Teste dich

**Das konnte ich gut**

**Das muss ich noch üben**

1 Formuliere in M1 deinen ersten Eindruck und ergänze die Teilschritte zur formalen Analyse.

2 Führe die Methode am Beispiel von M2 durch. Recherchiere für die Bewertung im Internet zum Thema „Frauen in der Weimarer Republik“.

3 Trage in den Kasten „Teste dich“ ein, was du bei der Methode „Werbeplakate analysieren“ gut konntest und was du zukünftig noch üben musst.

# Die Phase der Präsidialkabinette

*Die Phase der sogenannten Präsidialkabinette begann mit dem Rücktritt der Regierung Müller am 27. März 1930. „Präsidialkabinette" meint, dass diese Regierungen sich lediglich auf dem Vertrauen des Reichspräsidenten gründeten und nicht auf parlamentarischen Mehrheiten. Viele Historiker sehen in diesem Konstruktionsfehler der Weimarer Verfassung den entscheidenden Grund für den Untergang der ersten deutschen Demokratie.*

- *Mit welchen Mitteln regierten die Präsidialkabinette?*
- *Wie wurden diese Regierungen beurteilt?*

M 1

**Schaubild zur Funktionsweise der Präsidialkabinette**

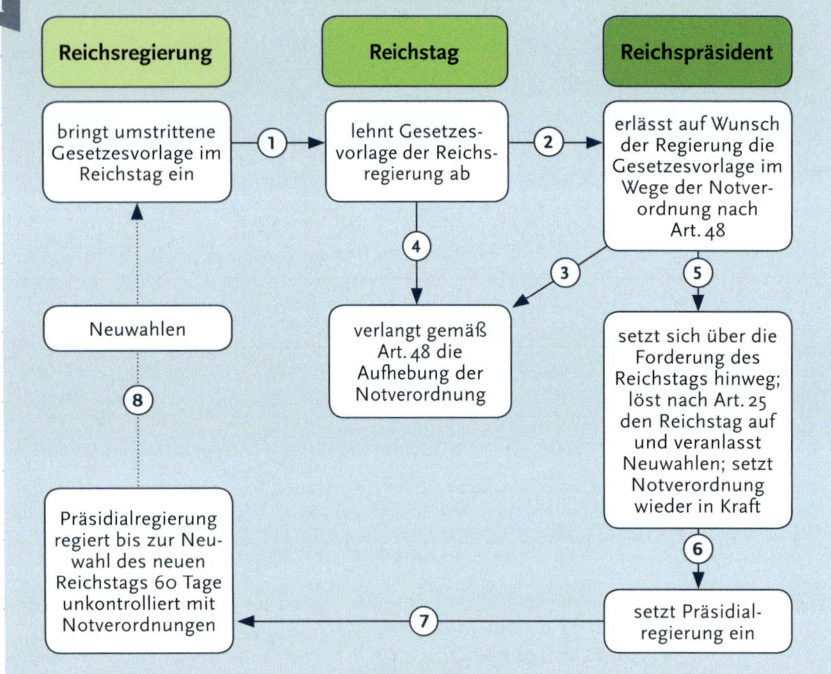

M 2

**Überschriften von Zeitungsartikeln**

| Überschrift | Phase in M1 |
|---|---|
| Reichspräsident Hindenburg löst wiederholt den Reichstag auf | |
| Reichskanzler Brüning will abermals das Arbeitslosengeld kürzen | |
| Noch zwei Tage bis zur nächsten Reichstagswahl – NSDAP in Umfragen deutlich vorn | |
| Brüning wird nochmals zum Präsidialkanzler – Hindenburg spricht ihm das Vertrauen aus | |
| Hitler wendet sich gegen das Gesetz Brünings, NSDAP lehnt es ab – keine Mehrheit für die Regierung im Reichstag | |
| Wieder Präsidialdiktatur – naht das Ende der Republik? | |
| Hindenburg zieht die 48 | |

M 3

**„Der Reichstag wird eingesargt" – Collage von John Heartfield, erschienen in „Arbeiter Illustrierte Zeitung" am 30. August 1932**

1 Erkläre das Schaubild M1 in eigenen Worten.
2 Ordne die Überschriften der Zeitungsartikel in M2 den Phasen des Schaubildes M1 zu.
3 Formuliere die Kernaussage der Collage in M3 und nimm Stellung dazu.

# Historiker über die Weimarer Republik

*Viele Historiker haben sich mit der Weimarer Republik befasst und sehr unterschiedliche Urteile gefällt. So reichen die Meinungen von „Selbstpreisgabe der Demokratie“ über „verspielte Freiheit“ bis hin zur „unvollendeten Demokratie“. Allen Meinungen gemeinsam ist, dass es keine monokausalen Erklärungen zum Scheitern der Weimarer Republik geben kann.*

- *Welche Faktoren führten zum Untergang der ersten deutschen Demokratie?*

M 1

**Die Historikerin Ursula Büttner schrieb 2008**

[...] Zweifellos schmälerten die „Vorbelastungen“ aus der Zeit des Kaiserreiches die Entwicklungschancen der Demokratie. Wie die verhängnisvolle Rolle [...] der Reichswehr, der Schwerindustrie und des ostelbischen Landadels in der Staatskrise der frühen Dreißigerjahre zeigte, hatten diese Gesellschaftsgruppen nach der Revolution mehr Macht behalten, als der Republik guttat. Der SPD als der entscheidenden Kraft in der deutschen Revolution ist deshalb vorgeworfen worden, die politische Umwälzung nicht energisch und konsequent genug durch grundlegende gesellschaftliche Veränderungen abgesichert zu haben. [...]

Vorbelastungen als Folge der Entwicklungen im Bismarck-Staat gab es auch in der Beziehung von Regierung und Parlament. Politiker aller Parteien orientierten sich an den früheren Verhältnissen und erkannten zu wenig die veränderten Anforderungen der parlamentarischen Demokratie. Wie in der konstitutionellen Monarchie verstanden sich die Abgeordneten als Widerpart der Regierung mit der Aufgabe, sie zu kontrollieren. Auch Abgeordnete der Regierungsparteien behielten sich ihre Entscheidungsfreiheit grundsätzlich vor; die Haupttrennlinie verlief für sie weiterhin zwischen Regierung und Parlament statt zwischen dem Regierungslager und der Opposition. [...]

Diese Immobilität wurde durch die Struktur der Weimarer Verfassung erleichtert. Das Bestreben, eine befürchtete Allgewalt des Parlaments durch das starke Gegengewicht des Reichspräsidenten einzudämmen, hatte zur Folge, dass [...] Kompromisse zur Bildung oder Fortführung von Regierungskoalitionen im Vertrauen auf den präsidialen Notretter als weniger zwingend empfunden wurden. [...]

Die Wahl Hindenburgs zum Reichspräsidenten bedeutete eine tiefe Zäsur. Im Scheitern der republikanischen Kandidaten gegen den Vertreter des alten Regimes kam konzentriert zum Ausdruck, wie viel Zustimmung der neue Staat inzwischen verloren hatte. Zugleich machte die Wahl des betagten Generals deutlich, in welchem Maß die Deutschen ihre Niederlage im Ersten Weltkrieg verdrängt hatten. Für seine Wähler war Hindenburg nicht der Chef der Obersten Heeresleitung, der die Katastrophe des Ersten Weltkriegs zu verantworten hatte, sondern der „Sieger von Tannenberg“. Diese Weigerung, den schlimmen Kriegsausgang zu akzeptieren, gehörte zu den größten Belastungen der Weimarer Republik. Vergessen waren die verzweifelte Kriegsmüdigkeit, die Erschöpfung der materiellen, physischen und psychischen Reserven wie auch die Hoffnung, mit der Demokratie eine friedliche Zukunft zu gewinnen. Der Versailler Vertrag wurde nicht nüchtern als Folge der Niederlage, sondern als schreiendes Unrecht betrachtet. Die Außenpolitik aller Regierungen war von dem Wunsch nach Revision des „Schandfriedens“ bestimmt, auch wenn Rathenau und Stresemann dabei eher auf Kooperation als auf Konfrontation mit den ehemaligen Kriegsgegnern setzten. Besonders die Reparationen waren ein ständiger Stein des Anstoßes. Als Symbol für die angeblich ungerechte Behandlung Deutschlands in Versailles eigneten sie sich hervorragend, alle, die den Krieg gewinnen wollten, gegen die republikanischen Politiker aufzuhetzen. [...]

Auch die militärische Führung war von dem Gedanken beherrscht, dass Deutschland wieder seine frühere Großmachtrolle spielen müsse. [...] Die Regierungen der Weimarer Republik wurden an ihrer Aufgeschlossenheit für die Rüstungswünsche der Reichswehr gemessen. Um ihre Vorstellungen durchzusetzen, mischte sich die Militärführung seit der zweiten Hälfte der Zwanzigerjahre zunehmend in die Innenpolitik ein, bis sie im Präsidialregime über das Schicksal der Regierungen mitentschied. [...]

Die Spannungen und Widersprüche in der Gesellschaft [...] wirkten sich politisch stärker aus; denn inzwischen wurde der Staat für die Wirtschaftsentwicklung, das Gedeihen der verschiedenen Wirtschaftssektoren und das Wohlergehen seiner Bürger in hohem Grad verantwortlich gemacht. Auch das war eine Folge des Krieges, der ihn gezwungen hatte, die Lenkung der Wirtschaft, die Regelung der Arbeitsbeziehungen und die soziale Fürsorge für die Notleidenden, an erster Stelle die Soldatenfamilien und die Kriegsopfer, weitgehend zu übernehmen. Ein nicht mehr umkehrbarer Strukturwandel war in Gang gekommen.

*Ursula Büttner, Weimar. Die überforderte Republik 1918–1933. Leistung und Versagen in Staat, Gesellschaft, Wirtschaft und Kultur (= Schriftenreihe der Bundeszentrale für politische Bildung, Bd. 729), Bonn (Klett-Cotta) 2008, S. 498–503.*

M 2 **Schaubild: Ursachen der Weimarer Republik**

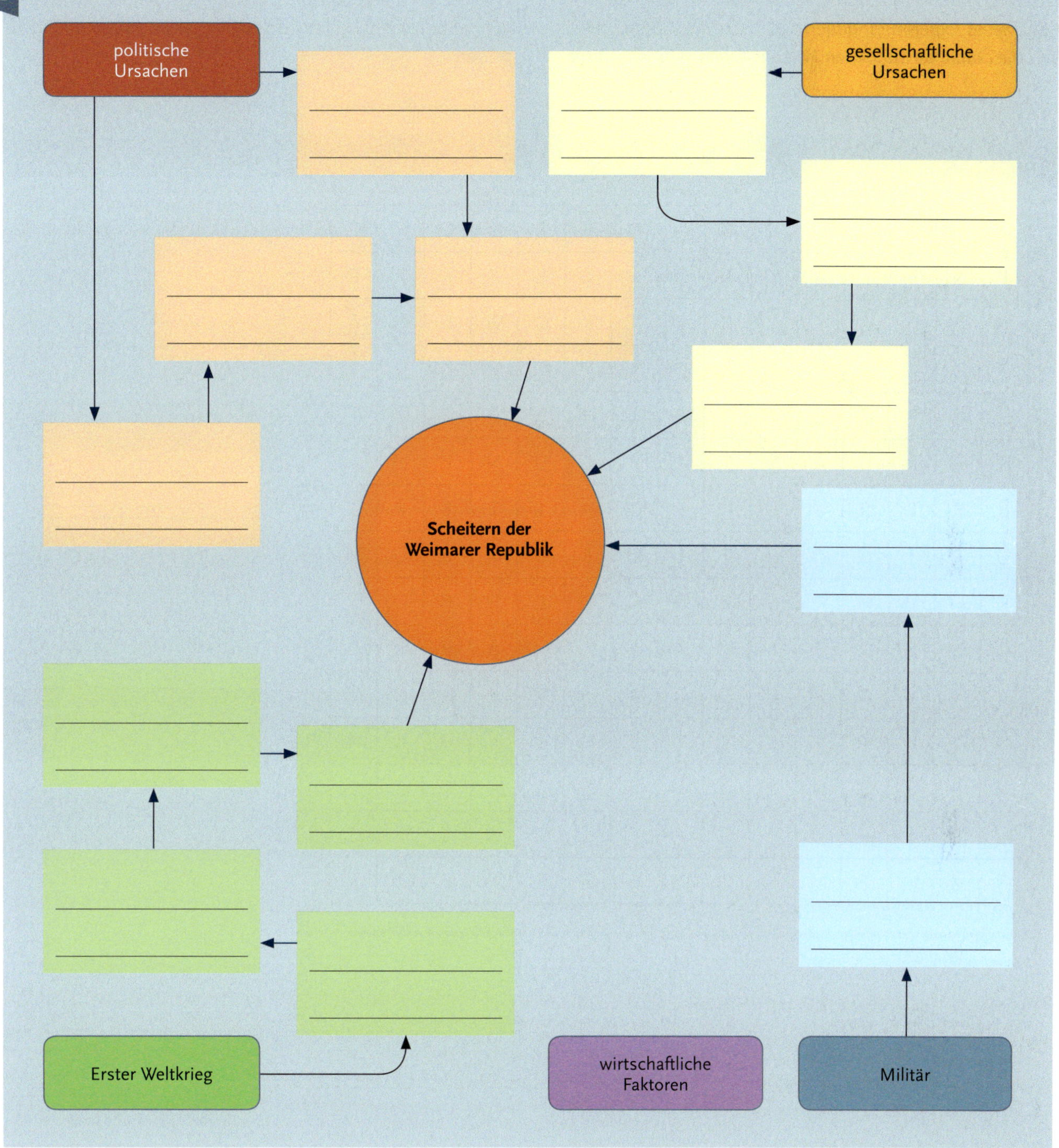


Multikausale Begründung: ______________________________

______________________________

**1** Lies dir den Text in M1 durch. Markiere die dort genannten Ursachen nach folgenden übergeordneten Kategorien in unterschiedlichen Farben: gesellschaftliche Ursachen (gelb), Ursachen im politischen System (rot), Erster Weltkrieg (grün), Rolle des Militärs (blau).

**2** Fülle das Schaubild in M2 aus. Nutze dafür auch S. 16/17 „Die Phase der Präsidialkabinette". Entwickle und ergänze ein Ursachenbündel zu den wirtschaftlichen Faktoren, die zum Scheitern der Weimarer Republik führten.

*Die Weimarer Republik war der erste Versuch, ein demokratisches politisches System in Deutschland durchzusetzen. Dieses Experiment dauerte fast 15 Jahre. Sein Ende und die damit verbundenen Folgen stehen symbolisch für den deutschen Sonderweg im 19. und 20. Jahrhundert. Was du über diese Epoche zwischen den beiden Weltkriegen bereits weißt, kannst du auf dieser Doppelseite überprüfen.*

M 1

**Buchstabensalat**

| | | | | | | | | | | | | | | |
|---|---|---|---|---|---|---|---|---|---|---|---|---|---|---|
| H | C | F | D | F | S | S | H | D | F | R | B | G | F | S |
| I | N | F | L | A | T | I | O | N | L | E | X | F | K | P |
| N | E | U | A | Y | T | B | R | T | K | Q | W | B | U | A |
| D | U | E | D | L | L | U | D | W | I | G | Y | G | J | R |
| E | N | R | E | L | I | E | B | K | N | E | C | H | T | T |
| N | B | R | D | A | N | O | J | F | E | U | N | Z | M | A |
| B | R | E | R | V | E | R | F | O | H | I | T | E | R | K |
| U | R | J | U | O | P | R | L | E | F | S | W | B | Q | U |
| R | H | M | H | C | S | L | D | Q | K | L | R | E | D | S |
| G | W | H | R | B | A | M | W | E | I | M | A | R | L | B |
| A | S | E | K | P | G | E | R | W | H | M | E | T | U | U |
| N | S | D | A | P | B | Y | X | R | H | I | L | H | K | N |
| W | E | R | M | N | N | A | M | E | S | E | R | T | S | D |
| L | K | Z | P | U | T | G | R | F | T | G | W | S | P | C |
| T | Z | H | F | M | K | O | I | U | T | R | W | F | D | K |

**M2** **Phasen der Weimarer Republik**

**„Das hat mich besonders interessiert“**

1 Im Buchstabensalat M1 haben sich zwölf Begriffe versteckt. Finde diese und erläutere unter M1, was diese mit der Weimarer Republik zu tun haben.

2 Fülle das Schaubild in M2 aus. Trage dafür folgende Informationen zusammen: Name der Phase, Zeitraum, wesentliche Ereignisse und Personen.

3 Trage in den Kasten „Das hat mich besonders interessiert“ ein, was dich an der Thematik Ende des Ersten Weltkrieges und Weimarer Republik besonders interessiert hat, und erläutere warum.

# Personen in der Geschichte

*Spätestens mit dem Machtantritt Hitlers am 30. Januar 1933 war das demokratische Experiment Weimar gescheitert. Nun traten Personen in den Vordergrund, die nicht auf der Grundlage demokratischer Legitimation ins Amt kamen, sondern nur durch das Vertrauen des Führers.*

*Aber nicht alle Deutschen folgten Hitler – es gab auch Widerständler. Wer waren entscheidende Personen der Zeit des Nationalsozialismus und was dachten sie?*

**M 1** **Adolf Hitler**

**M 4** **Claus Graf Schenk von Stauffenberg**

**M 2** **Hermann Göring**

**M 5** **Gertrude Scholtz-Klink**

**M 3** **Geschwister Scholl**

**M 6** **Joseph Goebbels**

> Die deutsche Frau, wie wir sie uns denken, muss, wenn es die Lage des Volkes erfordert, verzichten können auf Luxus und Genuss, sie muss geistig und körperlich gesund sein, sie muss geistig und körperlich arbeiten können, und sie muss aus dem harten Leben, das wir heute zu leben gezwungen sind, ein schönes Leben machen können.

> Wenn ich einmal wirklich an der Macht bin, dann wird die Vernichtung der Juden meine erste und wichtigste Aufgabe sein.

> So ein herrlicher Tag, und ich soll gehen. Aber was liegt an unserem Leben, wenn wir es damit schaffen, Tausende von Menschen aufzurütteln und wachzurütteln.

> Wenn unsere Gegner sagen: „Ja, wir haben Euch doch früher auch die […] Freiheit der Meinung zugebilligt.“ Ja, ihr uns! Das ist doch kein Beweis dass wir das Euch auch tun sollen, […] das ist ja Beweis, wie dumm ihr seid!

> Es ist Zeit, dass jetzt etwas getan wird. Derjenige, der etwas zu tun wagt, muss sich bewusst sein, dass er wohl als Verräter in die deutsche Geschichte eingehen wird. Unterlässt er jedoch die Tat, dann wäre er ein Verräter vor seinem Gewissen.

> Natürlich, das einfache Volk will keinen Krieg. […] Aber schließlich sind es die Führer eines Landes, die die Politik bestimmen, und es ist immer leicht, das Volk zum Mitmachen zu bringen. […] Man braucht nichts zu tun, als dem Volk sagen, es würde angegriffen […].

**1** Sammle zu den abgebildeten Personen wichtige Informationen (Lebensdaten, politische Funktion).

**2** Ordne den Personen das passende Zitat zu.

# Die NSDAP – eine Partei in der Republik gegen die Republik

*Im Jahr 1933 hatte die NSDAP ihr Ziel erreicht – sie stellte den Reichskanzler und war damit das Machtzentrum Deutschlands. Zwar verachtete die NSDAP den Parlamentarismus und die Weimarer Republik, die sie für die „widernatürliche Spaltung des Volkes" verantwortlich machte, aber nach dem Hitler-Putsch, der 1923 nach nur wenigen hundert Metern an der Münchner Feldherrnhalle in einem Desaster geendet hatte, änderte die NSDAP ihre Strategie und verfolgte eine Taktik der Legalität. Sie nutzte die Instrumente der Demokratie, um diese zu zerstören.*

- *Welche Forderungen stellte die Hitler-Partei?*
- *Und wie wurden diese Forderungen vermittelt?*

M 1

**Auszug aus dem Parteiprogramm der NSDAP aus dem Jahr 1920**

1. Wir fordern den Zusammenschluss aller Deutschen aufgrund des Selbstbestimmungsrechts der Völker zu einem Groß-Deutschland.
2. Wir fordern die Gleichberechtigung des deutschen Volkes gegenüber anderen Nationen, Aufhebung der Friedensverträge in Versailles und St. Germain. [...]
4. Staatsbürger kann nur sein, wer Volksgenosse ist. Volksgenosse kann nur sein, wer deutschen Blutes ist, ohne Rücksichtnahme auf Konfession. Kein Jude kann daher Volksgenosse sein. [...]
10. Erste Pflicht jedes Staatsbürgers muss sein, geistig oder körperlich zu schaffen. Die Tätigkeit des Einzelnen darf nicht gegen die Interessen der Allgemeinheit verstoßen, sondern muss im Rahmen des Gesamten und zum Nutzen aller erfolgen. Daher fordern wir:
11. Abschaffung des arbeits- und mühelosen Einkommens. [...]
13. Wir fordern Verstaatlichung aller bereits vergesellschaftlichten Betriebe.
14. Wir fordern Gewinnbeteiligung an Großbetrieben.
15. Wir fordern einen großzügigen Ausbau der Altersversorgung.
16. Wir fordern die Schaffung eines gesunden Mittelstandes und seine Erhaltung. [...]
18. Wir fordern den rücksichtslosen Kampf gegen diejenigen, welche durch ihre Tätigkeit das Gemeininteresse schädigen. Gemeine Volksverbrecher, Wucherer, Schieber usw. sind mit dem Tode zu bestrafen, ohne Rücksichtnahme auf Konfession oder Rasse. [...]

*Wolfgang Treue, Deutsche Parteiprogramme seit 1861, Göttingen (Wissenschaftlicher Verlag) 1954, S. 156–158.*

M 2

| | Forderungen des Parteiprogramms |
|---|---|
| Wirtschaftspolitik | |
| Außenpolitik | |
| Innenpolitik | |
| Gesellschaftspolitik | |

**1** Systematisiere die Forderungen des Parteiprogramms (M1) in einer Tabelle (M2).

**2** Erkläre, welche sozialen Schichten die NSDAP mit ihrem Programm ansprechen wollte. Beurteile diesen Anspruch vor dem Hintergrund des Parteinamens.

# Die NPD – die NSDAP der Gegenwart?

*Auch in der Gegenwart spielen rechte Parteien eine Rolle. In mehreren Landtagen sind Abgeordnete der NPD vertreten. Dort sorgen sie in regelmäßigen Abständen für Skandale, sie wollen provozieren und die demokratischen Institutionen lächerlich machen. Immer wieder stellen sich Politikwissenschaftler die Frage, ob diese rechten Bewegungen vergleichbar sind mit der Bewegung der NSDAP im ersten Drittel des 20. Jahrhunderts. Einen Hinweis darauf liefert die Wählerschaft. Wer wählt heute rechte Parteien? Wer tat dies in der Vergangenheit? Lassen sich Parallelen finden?*

**M1** **Statistiken aus der Studie „Die Parteien und ihre Anhänger"**

**Parteienpräferenz und Arbeitslosigkeit (Sommer 2010)**

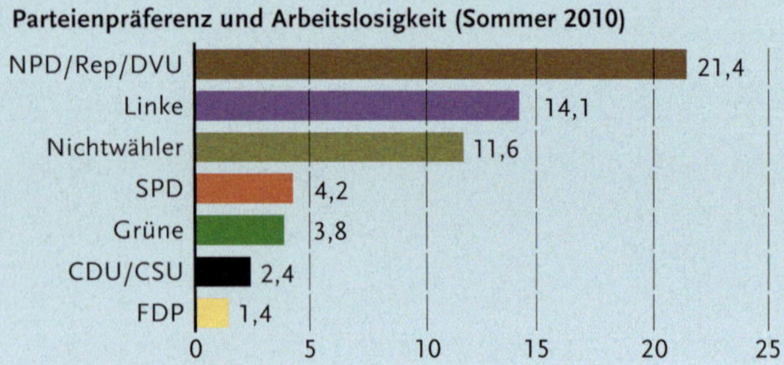


**Parteienpräferenz und Abitur (Sommer 2010)**

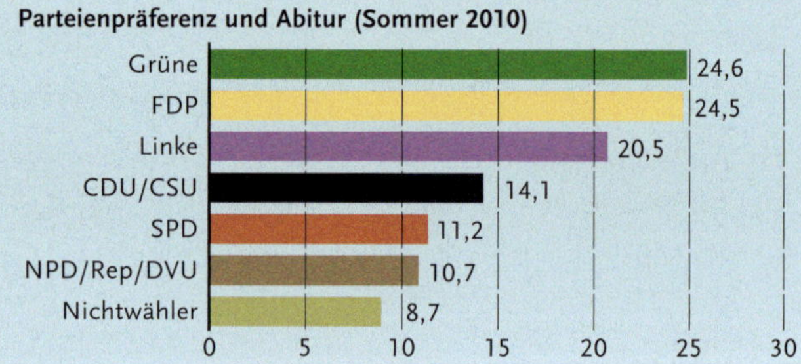


**Konfession nach Parteienpräferenz (Sommer 2010)**

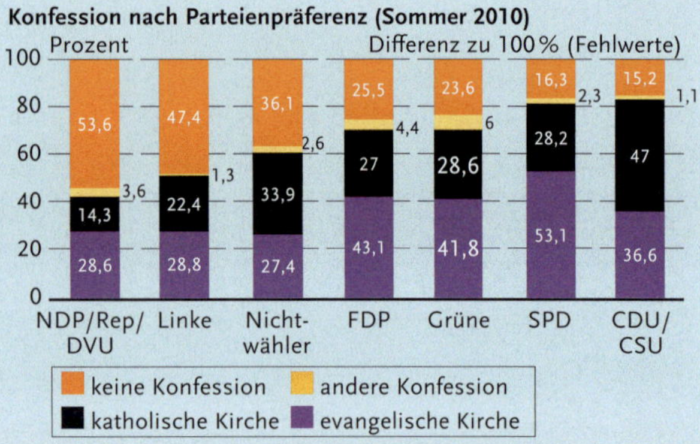


**M2** **Der Historiker Heinrich August Winkler über die Wähler der NSDAP**

[...] Die meisten Wähler der NSDAP hatten früher für andere Parteien gestimmt. [...] 1930 [scheint] jeder dritte DNVP-Wähler, jeder vierte DVP- oder DDP-Wähler, jeder siebte Nichtwähler und jeder zehnte SPD-Wähler für die Partei Hitlers gestimmt zu haben. Das konservative und das liberale „Lager" hatten demnach einen sehr viel größeren Anteil am Aufstieg des Nationalsozialismus als die Sozialdemokraten. [...] Protestanten waren für die NSDAP doppelt so anfällig wie Katholiken; Selbständige, Bauern, Beamte, Rentner und Pensionäre waren unter den Wählern der NSDAP stärker vertreten, als es ihrem Anteil an der erwerbstätigen Bevölkerung entsprach, Arbeiter und Angestellte dagegen deutlich schwächer. Die Arbeitslosen schließlich [...] trugen zum Aufstieg des Nationalsozialismus nur wenig bei: Erwerbslose Arbeiter gaben ihre Stimme sehr viel häufiger der Partei Ernst Thälmanns als der Adolf Hitlers.

*Zit. nach: Heinrich August Winkler, Der lange Weg nach Westen. Erster Band: Deutsche Geschichte vom Ende des Alten Reiches bis zum Untergang der Weimarer Republik, München (C.H. Beck) [7]2010, S. 491.*

**Wähle aus:**

**1 a)** Stell dir vor, du bist Politikwissenschaftler und wirst beauftragt, eine Studie zu erarbeiten, die der Frage nachgeht, ob die NPD die neue NSDAP ist. Verfasse unter Berücksichtigung der Materialien M1 und M2 eine solche Studie.

**b)** Beschreibe die Statistiken in M1 und formuliere zu jeder Grafik eine Kernaussage.

**2** Beantworte anschließend die Frage: „Wer wählt heute rechte Parteien?". Vergleiche deine Ergebnisse mit den Aussagen in M2.

# Hitler festigt seine Macht

*Nur kurze Zeit nach dem Machtantritt begannen Hitler und die NSDAP damit, ihre Macht für lange Zeit zu sichern. Schon im Februar 1933 wurden die ersten politischen Gegner ausgeschaltet – der Prozess der Gleichschaltung wurde in Gang gesetzt.*

- *Welche Maßnahmen ergriffen die Nationalsozialisten noch?*
- *Wie sah die Öffentlichkeit diese Ereignisse?*

VÖLKISCHER BEOBACHTER

Der Reichstag übergibt Adolf Hitler die Herrschaft

**M1** Zeitstrahl

„Machtergreifung" und Machtsicherung der NSDAP

**M2**

*„Wie Adolf Hitler das Wort ‚legal' in den Mund nimmt.", Karikatur aus „Der Wahre Jacob", Berlin 1932*

1 Beschrifte den Zeitstrahl in M1 mit den wesentlichen Daten und Ereignissen zur „Machtergreifung" und Machtsicherung Hitlers. Nutze dafür dein Lehrbuch.

2 Fasse die Aussage der Karikatur in M2 in eigenen Worten zusammen und nimm Stellung dazu. Berücksichtige dabei auch das Erscheinungsjahr der Zeichnung.

# NS-Ideologie: antisemitische Vorläufer

*Das Phänomen der Judenfeindlichkeit lässt sich in der Geschichte Europas bereits seit etwa 2500 Jahren nachweisen. Es zeigte sich in Form von Verleumdung, Diskriminierung, Unterdrückung, Ausgrenzung, Verfolgung und Vertreibung und gipfelte im Genozid an nahezu sechs Millionen europäischen Juden (Holocaust) in der Zeit des Nationalsozialismus. Der Ausspruch des deutschen Historikers und Publizisten Heinrich von Treitschke „Die Juden sind unser Unglück" wurde das Schlagwort des nationalsozialistischen Hetzblattes „Der Stürmer".*

- *Welche Gründe gab es für diese Intoleranz und Hetze?*

Der Stürmer
Deutsches Wochenblatt zum Kampfe um die Wahrheit
Vom Juden beherrscht
Der Todeskampf der Plutokratie

**M1 Der Historiker Wolfgang Benz zum Antisemitismus**

„Christusmörder", „Wucherer", „Schacherer": Judenfeindschaft hat eine lange Tradition. Von der Antike über das Mittelalter bis zur Neuzeit verfestigte sich ein negatives Judenbild, aufgeladen durch antijüdische Mythen und Klischees. […] Feindschaft gegen Juden war bis ins 19. Jahrhundert religiös begründet worden. Der „Rassenantisemitismus" oder „Moderne Antisemitismus" bezeichnet seit dem letzten Drittel des 19. Jahrhunderts eine neue Form von Judenhass, die „wissenschaftlich" argumentierte (unter Berufung auf Gobineau) und Erkenntnisse der Naturwissenschaft (Darwin) in den Dienst der Judenfeindschaft stellte. Hatte der ältere religiöse Antijudaismus die „Bekehrung" der Juden und deren Taufe zum Ziel, so war der moderne Antisemitismus, der Juden, nur weil sie Juden waren, stigmatisierte, nur auf Ausgrenzung, Vertreibung und in letzter Konsequenz auf die Vernichtung der jüdischen Minderheit fixiert.

Der Begriff Antisemitismus ist wörtlich genommen („Semitengegnerschaft") eine Missbildung, weil er, um Judenfeindschaft mit wissenschaftlichem Anspruch zu verbrämen, die Sprachfamilie der Semiten (Araber, Äthiopier, Akkader, Kanaanäer, Aramäer) als Rasse verstand, dabei jedoch nur die Juden meinte. Der Begriff Antisemitismus entstand 1879 im Umkreis des Publizisten Wilhelm Marr, den Hintergrund bildete die damals öffentlich diskutierte „Judenfrage". Diese Debatte über die Emanzipation der Juden wurde, seit die rechtliche Gleichstellung durch die Revolution in Frankreich erreicht war, in vielen europäischen Ländern geführt, sie war weitgehend von sozial und kulturell determinierter Ablehnung bestimmt. […]

Die Ideologie der Judenfeindschaft, die in Manifesten und Pamphleten seit den 70er-Jahren des 19. Jahrhunderts massenhaft zirkulierte, war eine Bewegung der Abwehr gegen die Moderne. In vielen Traktaten wurden simple Welterklärungen für schlichte Gemüter geboten, in denen die Juden als Sündenböcke Schuld zugewiesen bekamen für alle wirtschaftlichen, sozialen und politischen Probleme.

*Wolfgang Benz, Antisemitismus im 19. und 20. Jahrhundert, http://www.bpb.de/politik/extremismus/antisemitismus/37948/19-und-20-jahrhundert, (Abrufdatum: 23.07.2013).*

**M2 Fragen an bzw. Aufgaben zum Text**

**Wähle aus:**

**1 a)** Stelle in M2 fünf W-Fragen an den Text M1.

**b)** Stelle in M2 fünf Aufgaben zum Text M1 und verwende dabei die Operatoren: „nennen", „erklären", „widerlegen", „beurteilen", „vergleichen".

**2** Beantwortet eure Fragen bzw. löst eure Aufgaben in Partnerarbeit.

# NS-Ideologie: Die „Volksgemeinschaft“

*Nach dem Konzept der sogenannten Volksgemeinschaft sollte es keine Klassen- oder Standesunterschiede geben. Dies galt jedoch nur für diejenigen, die zur „Volksgemeinschaft“ gehörten – dies waren bei weitem nicht alle Deutschen.*

- *Wer gehörte dazu? Wer nicht?*
- *Welche Versprechungen machten die Nationalsozialisten?*

M1

**Definition des Begriffs „Volksgemeinschaft“**

Der aus dem 18. Jahrhundert stammende Begriff wurde erst wieder durch die Jugendbewegung nach 1900 und nach dem Ersten Weltkrieg im Sinne der „Frontgemeinschaft“ verwendet. Bei den Nationalsozialisten erlangte er eine zentrale Bedeutung. Sie verstanden unter diesem Begriff eine „Bluts- und Schicksalsgemeinschaft“, in der Standesgegensätze, Klassen, Parteien und Einzelinteressen aufgehoben werden sollten und sich die Gemeinschaft dem Willen eines Führers unterordnete. Nicht in die Volksgemeinschaft gehörten nach Auffassung der Nationalsozialisten diejenigen, die zum politischen Gegner erklärt oder aus rassistischen Gründen ausgegrenzt wurden. Idee und Wirklichkeit der Volksgemeinschaft im Nationalsozialismus waren antipluralistisch und antidemokratisch.

*Zit. nach: Hans-Otto Regenhardt, Forum Geschichte 3 Schleswig-Holstein, Hamburg, Bremen, Berlin (Cornelsen) 2011, S. 91.*

M2

______________________

______________________

______________________

______________________

______________________

______________________

______________________

______________________

Wer gehörte zur NS-Volksgemeinschaft?

______________________

______________________

______________________

*Plakat „Die NSDAP sichert die Volksgemeinschaft“, 1933*

______________________

______________________

______________________

______________________

______________________

______________________

______________________

______________________

Wer gehörte nicht zur NS-Volksgemeinschaft?

______________________

______________________

______________________

**1** Interpretiere die Stilmittel im Plakat M2. Trage deine Ergebnisse in die Kästen ein.

**2** Benenne mithilfe von M1 und M2 die Gruppen, die zur NS-Volksgemeinschaft gehörten, und stelle diesen diejenigen gegenüber, die ausgegrenzt wurden.

# Vorbereitung auf den Krieg – Die NS-Wirtschafts- und Außenpolitik

*Auch die Regierung Hitler hatte nach dem Machtantritt mit den Problemen seiner Vorgänger zu kämpfen – hohe Arbeitslosigkeit, hohe Schulden und Zahlungsverpflichtungen gegenüber dem Ausland, außenpolitische Schwierigkeiten durch den Versailler Vertrag.*

- *Wie begegnete Hitler diesen Problemen?*
- *Welche Ziele verfolgte er dabei? Hatte er Erfolg?*

M 1

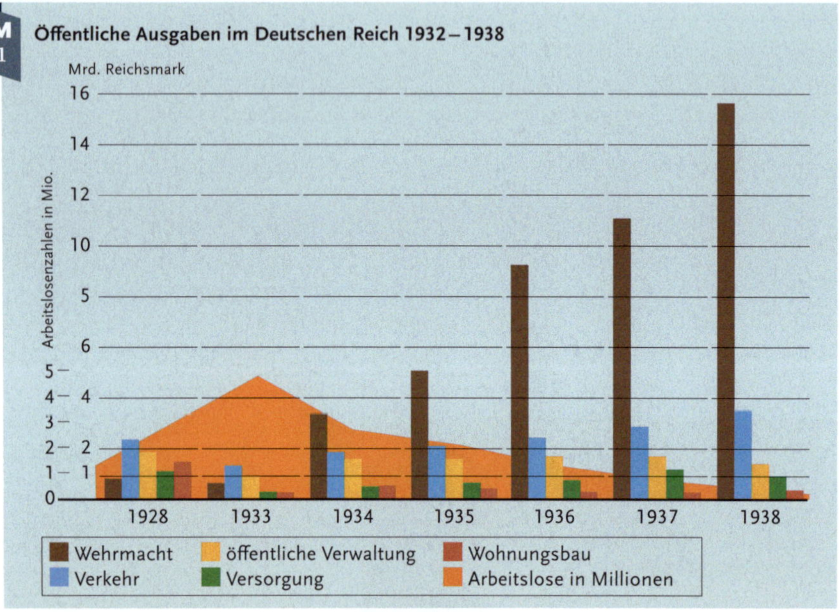


M 2

*Fotomontage „Friedenspolitik", von John Heartfield, 1933*

**Wähle aus:**

**1 a)** Interpretiere die Statistik in M1 mithilfe deines Lehrbuchs.

**b)** Interpretiere die Fotomontage in M2 mithilfe deines Lehrbuchs.

**2** Tausche dich mit einem Partner über die Ergebnisse aus Aufgabe 1 aus.

# Jugend in der Zeit des Nationalsozialismus

*Die Erziehung der Kinder und Jugendlichen im Sinne des NS-Regimes war in der auf die Zukunft gerichteten Perspektive des „Tausendjährigen Reichs" von großer Bedeutung. Ein Großteil wurde dazu in Organisationen wie der Hitlerjugend (HJ) und dem Bund Deutscher Mädel (BDM) zusammengefasst.*
*Zu dieser Erfassung der „Volksgemeinschaft" stand konträr die Ausgrenzung von „Volksschädlingen". Dies betraf auch jüdische Kinder. Der jüdische Maler Israel Bernbaum lebte während der nationalsozialistischen Zeit im jüdischen Ghetto, konnte allerdings fliehen und wanderte in die USA aus. Seine Erinnerungen sowie andere Zeitzeugenberichte brachte er retrospektiv auf Leinwand.*

- *Welche Schicksale widerfuhren jüdischen Kindern?*

M 1

*Jüdische Kinder in Ghettos und Vernichtungslagern (Israel Bernbaum, 1981, Öl auf Leinwand)*

M 2

*Überschriften zu den Bildabschnitten*

**1** Teile das Bild M1 in verschiedene Abschnitte, markiere diese und gib ihnen Überschriften.

**Wähle aus:**

**2a** Verfasse Tagebucheinträge zu den einzelnen Teilabschnitten aus Perspektive des Mädchens, das in der Bildmitte am Schreibtisch sitzt. Überlege, wer das Mädchen sein könnte.

**b** Verfasse anhand der einzelnen Teilabschnitte eine Geschichte zum Bildthema.

**3** Dieses Bild ist retrospektiv gemalt worden. Überlege, woran man dies erkennen kann.

# Frauen im Nationalsozialismus

*Frauen spielten in der „Volksgemeinschaft" eine wichtige Rolle, die in der Forschung unterschiedlich beurteilt wird. Waren sie „nur" Opfer oder auch Täterinnen? Wie das Frauenbild der Nationalsozialisten aussah und welche Aufgaben die Frauen in der „Volksgemeinschaft" hatten, kannst du auf dieser Seite erarbeiten sowie die Methode „Werbeplakate analysieren" wiederholen.*

M 1

Plakat „Hilf auch Du mit!", 1941

## Teste dich

**Das konnte ich gut**

**Das muss ich noch üben**

1 Wiederhole die Arbeitsschritte zur Methode „Werbeplakate analysieren" (vgl. Seite 14/15).

2 Führe die Methode anhand von M1 durch.

3 Trage in den Kasten „Teste dich" ein, was du bei der Methode „Werbeplakate analysieren" gut konntest und was du zukünftig noch üben musst, und vergleiche deine Aufzeichnungen mit denen auf Seite 14/15.

# Widerstand gegen die nationalsozialistische Herrschaft

*Unterdrückung, Verfolgung und Terror ließen keinen einheitlichen Widerstand gegen das NS-Regime zu. Verschiedene Sicherheitsorgane, allen voran die Gestapo, versuchten, jeden Aufruhr bereits im Keim zu ersticken. Dennoch gingen nicht alle Deutschen mit den Nationalsozialisten konform. Bereits vor der Machtergreifung opponierten verschiedene Gruppen, doch auch danach, in der Zeit des „Dritten Reiches", gab es Deutsche, die sich gegen das System auflehnten. Dabei ist der Begriff „Widerstand" differenziert zu betrachten.*

- *Welche Formen abweichenden Verhaltens gab es und warum spricht man vom „Widerstand ohne Volk"?*

M1 **Stufen abweichenden Verhaltens (1933–1945)**

M2 **Begriffe**

| | |
|---|---|
| x-Achse | Öffentlicher Handlungsraum |
| | Privater Handlungsraum |
| y-Achse | Generelle Kritik am System |
| | Partielle Kritik am System |
| Formen abweichenden Verhaltens | Protest |
| | Nonkonformität |
| | Widerstand |
| | Verweigerung |

M3 **Beispiele zu den Formen abweichenden Verhaltens**

| **Form:** | **Beispiele:** |
|---|---|
| | |
| | |
| | |
| | |
| | |
| | |

1 Ordne die Begriffe aus M2 dem Schema M1 zu.

2 Informiere dich in deinem Lehrbuch oder im Internet zum Thema „Widerstand im Nationalsozialismus" und finde Beispiele für die Formen abweichenden Verhaltens. Trage diese in M3 ein.

# Der „D-Day“

*Die deutsche Blitzkriegsstrategie schlug fehl. Bereits im Winter 1941/42 kam die Offensive im Osten bei Stalingrad zum Erliegen. Ebenfalls in diesem Winter traten die USA in den Krieg ein, ein neuer und mächtiger Gegner, auch wenn dieser zunächst im Pazifik aktiv wurde. 1943 musste das Afrikakorps kapitulieren und spätestens seit Sommer war offensichtlich, dass das Deutsche Reich den Krieg nicht mehr gewinnen konnte. Ein entscheidendes Ereignis im Kriegsverlauf war der sogenannte D-Day.*

- *Was geschah an diesem Tag?*

**M 1** ______________

Britische Spitfires griffen die SS-HJ im Tiefflug an. Die Kugeln schwirrten vorbei, und die Jungen sprangen aus ihren Marschkolonnen und Fahrzeugen in Deckung. Sie feuerten mit Maschinengewehren auf die Flugzeuge, doch ihre Waffen waren den Bombern nicht gewachsen. […]

**M 2** ______________

Es war eine grauenvolle Landschaft der Zerstörung und des Todes. Und zugleich ein wunderbares Zeugnis von der Entschlossenheit jener, die hier kämpften und starben. „Wahnsinnsanblick“, pflichtete Miller bei. […]

**M 3** ______________

Higgins-Boote ließen Rampen herab, seekranke Besatzungen kämpften sich durch die Brandung, strömten auf den Sandstrand, suchten Deckung hinter Drachenzähnen und stürmten in einem Hindernislauf zwischen Flammen, Rauch und verstreuten Ausrüstungsgegenständen der Gefallenen zu dem schützenden Deich.

**M 4** ______________

Entlang des Ufers trieben tote Amerikaner und stießen gegeneinander, daneben brannten die Trümmer zerschossener Landungsboote […]. Und trotzdem kamen immer noch amerikanische Soldaten an. Nichts konnte sie aufhalten.

**M 5** ______________

In der Morgendämmerung [des 6. Juni] entdeckten deutsche Beobachtungsposten überall an der normannischen Küste alliierte Schiffe […]. Zu spät begriffen die Deutschen, dass die Alliierten die Normandie-Strände stürmen würden. D-Day hatte begonnen.

**M 6** ______________

Miller ging zu Sergeant Horvath hinüber, der vom Rand des Felsens auf den Strand hinunterblickte. „Wahnsinnsanblick“, sagte der Sarge. Am Horizont stand eine endlose Kette alliierter Schiffe, die stumm darüber wachten, wie unzählige Landungsboote sich durch Verwüstung und Hindernisse hindurchschlängelten und unaufhaltsam den Strand ansteuerten.

**M 7** ______________

Die SS-HJ erhielt den Befehl, hundert Kilometer bis zu der französischen Stadt Caen zu marschieren […]. Der graue, bedeckte Himmel [schützte] die Jungen zunächst vor Luftangriffen, doch am Nachmittag verzogen sich die Wolken. […]

**M 8** ______________

General Witt befahl der SS-HJ, sich bereit zu machen, und die jungen Soldaten konnten ihre Aufregung kaum unterdrücken. Sie zogen sich hastig die Uniformen an, griffen nach ihren Waffen und Geräten und beluden ihre Fahrzeuge dank monatelanger Übung rasch und präzise. […]

Das geschah am D-Day: ______________________________

______________________________

1 Die Texte M1 bis M8 sind Textauszüge aus zwei verschiedenen Büchern, eine amerikanische und eine deutsche Schilderung der Ereignisse. Lies die Textauszüge, gib ihnen Überschriften und markiere in unterschiedlichen Farben, aus welcher Sicht sie verfasst wurden.

2 Nummeriere die Teiltexte je Darstellung in der richtigen Reihenfolge.

3 Beantworte die Frage, was am „D-Day“ geschah, in eigenen Worten.

# 8. Mai 1945 – Tag der Niederlage oder der Befreiung?

*Am 7. Mai 1945 wurde in Reims ein vorläufiges Kapitulationsprotokoll und am 8. Mai die endgültige, bedingungslose Kapitulation in Berlin unterzeichnet, deren Durchführung am 8. Mai um 24 Uhr beginnen sollte. Der 8. Mai ist somit ein denkwürdiger Tag, der aus der Rückschau unterschiedlich bewertet werden kann. Heinrich Böll verfasste dazu in seinem fiktiven „Brief an meine Söhne" Folgendes: „Ihr werdet die Deutschen immer wieder daran erkennen können, ob sie den 8. Mai als Tag der Niederlage oder der Befreiung bezeichnen."*

- *War es nun ein Tag der Niederlage oder der Befreiung?*

## M 1 Gedicht von Ernst Jandl

| 1944 | 1945 |
|---|---|
| krieg | krieg |
| krieg | krieg |
| krieg | krieg |
| krieg | krieg |
| krieg | mai |
| krieg | |
| krieg | |
| krieg | |
| krieg | |
| krieg | |
| krieg | |
| krieg | |

## M 2 Erinnerungen der Hitler-Generation an Krieg und Nationalsozialismus (Artikelauszug, Die Zeit, 1985)

Wie erlebte die Kriegsgeneration damals das Kriegsende? Unsere Frage lautete: „Was waren eigentlich Ihre Empfindungen am 8. Mai 1945 bzw. an dem Tag, an dem sie von der Kapitulation erfahren haben? Können Sie sich daran noch erinnern? War es mehr das Gefühl der Niederlage, oder überwog das Gefühl der Befreiung?" Ein Drittel der Männer, ein Fünftel der Frauen erinnern sich, dass sie vor allem ein Gefühl der Niederlage hatten. Die Mehrheit – 58 Prozent insgesamt, 47 Prozent der Männer, 65 Prozent der Frauen – erlebte den Tag als Befreiung. Das gilt auch für 54 Prozent der heute Lebenden, die aus dem Osten stammen; nur 31 Prozent sagen, sie hätten vor allem die Niederlage empfunden.

## M 3 Ein Tag der Befreiung (Artikelauszug Handelsblatt, 2005)

Eine aktuelle polis-Umfrage für die dpa [ergab Folgendes]: Danach werten acht von zehn Bundesbürgern das Kriegsende als „Tag der Befreiung". Nur neun Prozent sehen den 8. Mai 1945 als „Tag der Niederlage Deutschlands" an. Für sechs Prozent trifft beides zu.

**1** Deute das Gedicht M1 von Ernst Jandl und gib ihm einen Titel.

**2** Lies die Texte M2 und M3. Welche Auffälligkeiten stellst du bezüglich der Wertung des 8. Mai fest und wie lassen sich diese begründen?

*Die Phase des Nationalsozialismus gilt als das „dunkelste Kapitel der deutschen Geschichte", wie Bundestagspräsident Norbert Lammert es 2013 während der Gedenkveranstaltung an die Millionen Opfer des Nationalsozialismus formulierte. Durch diese Erfahrungen hat sich der Umgang der Deutschen mit dem eigenen Staat radikal verändert. Hier kannst du zum Abschluss überprüfen, was du über diese prägende Epoche weißt.*

M 1

**Kreuzworträtsel**

Umlaute Ä = ae usw., sollten Ordnungszahlen abgefragt werden, gehören sie in ein Kästchen.

1. So hieß die Partei, mit der Adolf Hitler 1933 die Macht ergriff.
2. Nach diesem Ereignis wurden per Gesetz wesentliche Grundrechte außer Kraft gesetzt.
3. Dieses Ereignis war die Folge der nationalsozialistischen Herrschaft in Deutschland.
4. An diesem Tag vollzog sich die Wende des Kriegs.
5. So hieß das Buch, in dem Adolf Hitler seine Ziele und ideologischen Grundlagen vorstellte.
6. Diese gehörten zur sogenannten Volksgemeinschaft.
7. Eine Widerstandsgruppe hieß „Die Weiße …"
8. Diese Volksgruppe wurde sehr stark unterdrückt und verfolgt.
9. So hieß der Führer.
10. Dieser Wirtschaftszweig verschlang das meiste Geld während der nationalsozialistischen Herrschaft.
11. Dieses Land wurde als Erstes angegriffen.
12. So hieß der Propagandaminister.
13. Mit diesem Begriff bezeichnet man den Prozess der Herrschaftssicherung der Nationalsozialisten.
14. So hieß die Person, mit der Hitler ein Bündnis einging, um Polen angreifen zu können.
15. Diese Geschwister waren Widerstandskämpfer und mussten dafür sterben.
16. Abkürzung für die Organisation der Mädchen im Nationalsozialismus.
17. Ergebnis des 8. Mai 1945.

M 2

*Paul Weber, „Deutsches Verhängnis", 1932*

M 3

**Akrostichon zum Thema: Leben unterm ...**

H

A

K

E

N

K

R

E

U

Z

**„Das hat mich besonders interessiert"**

1 Löse das Kreuzworträtsel M1.

2 Formuliere die Aussage der Zeichnung M2 in eigenen Worten. Belege sie mit historischen Fakten aus der Zeit des Nationalsozialismus und beurteile sie.

3 In M3 siehst du ein sogenanntes Akrostichon. Von einem Akrostichon spricht man, wenn die Buchstaben eines Wortes, von oben nach unten geschrieben, die Anfangsbuchstaben neuer Begriffe bilden, die mit dem Ursprungswort ein Thema bilden. Erstelle ein solches Akrostichon zum Wort „Hakenkreuz".

4 Trage in den Kasten „Das hat mich besonders interessiert" ein, was dich an der Thematik Nationalsozialismus und Zweiter Weltkrieg besonders interessiert hat, und erläutere warum.

# Personen in der Geschichte

*Bereits während des Zweiten Weltkrieges taten sich Gegensätze zwischen den beiden Weltmächten USA und Sowjetunion auf. Nach dem Krieg verschärften sich diese Gegensätze und mündeten in den sogenannten Kalten Krieg, der spätestens bis zur deutschen Wiedervereinigung andauerte. Die UdSSR provozierte nach 1945 durch ihre aggressive und expansive Politik in Osteuropa und in der sowjetischen Besatzungszone das Misstrauen der Westmächte. Andererseits fühlte sich die UdSSR durch das Atomwaffenmonopol der Amerikaner und deren Deutschlandpolitik bedroht. Über einige Personen, die in dieser Zeit eine bedeutende Rolle spielten, kannst du auf dieser Seite etwas erfahren.*

## M 1 Personen der Zeit des Kalten Krieges

*Harry S. Truman*

*John F. Kennedy*

*Nikita S. Chruschtschow*

*Leonid I. Breschnew*

*Ho Chi Minh*

*Kim Il-sung*

## M 2 Daten, Fakten, Ereignisse

* 1884; † 1972 / vietnamesischer Nationalheld / Entstalinisierung und Reformen / * 1906; † 1982 / 1945–1953 Präsident der USA / Vietnamkrieg / „Ewiger Präsident“ / 1958–1964 Regierungschef der UdSSR / Atombombenabwurf auf Hiroshima und Nagasaki / Kuba-Krise / setzte sich für das Wettrüsten mit den USA ein / Indochinakrieg / „Ich bin ein Berliner.“ / * 1912; † 1994 / Bau der Berliner Mauer / 1964–1982 Generalsekretär der KPdSU / 1961–1963 Präsident der USA / Verfolgung von Dissidenten / Kuba-Krise / * 1917; † 1963 / Koreakrieg / sowjetische Zweistaatentheorie für Deutschland / erster Präsident der „Demokratischen Republik Vietnam“ / 1963 in Dallas erschossen / 1948–1994 kommunistischer Diktator Nordkoreas / * 1890; † 1969 / sicherte die Vorrechte der Nomenklatura / 1953–1964 Parteichef der KPdSU / unterzeichnete die Gründungsurkunde der Vereinten Nationen / Verfolgung von Dissidenten / Aufrüstung, Vernachlässigung der Bevölkerung / Bau der Berliner Mauer / * 1894; † 1971 / Guerillakampf

**1** Ordne die Daten und Fakten bzw. Ereignisse (M2) den entsprechenden Personen (M1) zu.

# Vom Zarenreich zum Kommunismus

*Russland war im 19. Jahrhundert das flächenmäßig größte Land der Welt. Allerdings war es auch eines der ärmsten. Die Industrialisierung, die ganz Mitteleuropa erfasst hatte, griff nur teilweise auf das Riesenreich im Osten über. Dort dominierte weiterhin die Landwirtschaft.*

- *Wie sah die Gesellschaft im Russland des ausgehenden 19. und beginnenden 20. Jahrhundert aus?*
- *Welche Forderungen stellten die Menschen?*

M 1

*Suppenküche in Russland um 1900*

M 2

**Das Nationaleinkommen Russlands 1861 und 1913 im Vergleich**

| | 1861 | | | | 1913 | | | |
|---|---|---|---|---|---|---|---|---|
| | Nationaleinkommen (Mio. Rubel) | Bevölkerung (in Mio.) | NE pro Kopf (Rubel) | Russland (=100) | Nationaleinkommen (Mio. Rubel) | Bevölkerung (in Mio.) | NE pro Kopf (Rubel) | Russland (=100) |
| Russland | 5269 | 74 | 71 | 100 | 20266 | 171 | 119 | 100 |
| Großbritannien | 6469 | 20 | 323 | 455 | 20869 | 36 | 580 | 487 |
| USA | 14405 | 32 | 450 | 634 | 96030 | 93 | 1033 | 868 |
| Deutschland | 6313 | 36 | 175 | 246 | 24280 | 65 | 374 | 314 |
| Frankreich | 5554 | 37 | 150 | 211 | 11816 | 39 | 303 | 254 |
| Italien | 4750 | 25 | 183 | 258 | 9140 | 35 | 261 | 219 |
| Spanien | k. A. | 16 | k. A. | k. A. | 3975 | 20 | 199 | 167 |

M 3

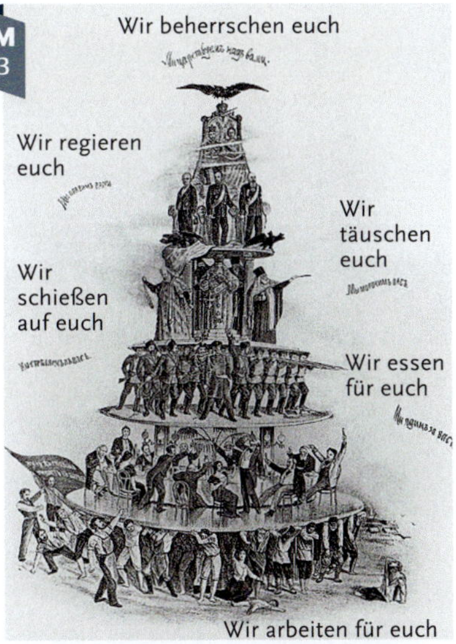


*Karikatur „Russlands Gesellschaft“*

1 Beschreibe mithilfe von M1 bis M3 die gesellschaftlichen Verhältnisse im zaristischen Russland.

**Wähle aus:**

2 **a)** Stell dir vor, du bist ein Anhänger Lenins und nimmst an einer Demonstration für die Verbesserung der sozialen Situation teil. Gestalte ein Plakat, das du auf dieser Demonstration trägst.

**b)** Stell dir vor, du bist Lenin und sollst auf einer Demonstration eine Rede halten. Schreibe diese Rede in dein Heft.

# Die USA bis zum Ende des 19. Jahrhunderts

*Seit die Mayflower im Jahre 1620 am Cape Cod im Südosten des heutigen Massachusetts gelandet war, begann die systematische Besiedlung des nordamerikanischen Kontinents. Viele Menschen verließen aus unterschiedlichsten Gründen ihre Heimat, um in einer neuen Welt ihr Glück zu finden. Die USA wurden zum „melting pot of nations" auf Grundlage der „manifest destiny". Die Band Rammstein singt im Refrain ihres Liedes „Amerika" sogar: „We're all living in Amerika, Amerika ist wunderbar". Ironie oder Realität?*

- *Wie sah die Entwicklung Nordamerikas seit dem 17. Jahrhundert aus und welche Folgen hatte sie?*

M 1

„Amerikanischer Fortschritt", Gemälde von John Gast, 1872

M 2

melting pot of nations: ____________________

____________________

manifest destiny: ____________________

____________________

____________________

1 Kennzeichne die einzelnen Bildelemente von M1 und benenne sie in Stichworten.

**Wähle aus:**

2 a) Verfasse in deinem Heft die Geschichte, die das Bild M1 erzählt, aus Perspektive der Indianer.

b) Verfasse in deinem Heft die Geschichte, die das Bild M1 erzählt, aus Perspektive der Einwanderer.

3 Kläre die Begriffe „melting pot of nations" und „manifest destiny" und bewerte sie mit Bezug auf den Rammstein-Refrain.

# Die USA werden Weltwirtschaftsmacht

*Heute sind die USA wirtschaftlich, politisch und militärisch das mächtigste Land der Welt. Das war jedoch nicht immer so, denn die Siedler der Kolonien mussten zunächst für ihre Freiheit und Unabhängigkeit kämpfen, bevor sie die erste Demokratie der Moderne begründeten. Dabei entwickeln sie jene Eigenschaften, die später das Erfolgsmodell Amerika prägen. Doch auf dem Weg zur Großmacht schleppte die Nation auch ungelöste Probleme mit sich, die sich 1861–1865 im Bürgerkrieg entluden. Seit den 1860er-Jahren vollzog sich der Aufstieg der USA zur Weltwirtschaftsmacht.*

- *Welche Bedingungen begünstigten diesen schnellen wirtschaftlichen Aufschwung?*

**M 1**

**Der Historiker David S. Landes über die positiven Bedingungen der amerikanischen Industrialisierung, 1998**

Die amerikanischen Siedlungsgebiete besaßen unendlich viel natürlichen Reichtum [...]. In diesem Punkt waren die Vereinigten Staaten am besten dran: riesige Flächen fruchtbaren, unbebauten Landes; ein großartiges Klima zur Gewinnung eines für den Einstieg in die Industrialisierung entscheidenden Rohstoffes, der Baumwolle; große Vorkommen an Bodenschätzen [...].
Hinzu kamen relativ bequeme Zugangs- und Kommunikationswege: eine Küste mit vielen schönen Buchten und prachtvollen Häfen, große Flüsse [...] sowie weite Ebenen. [...] Die entscheidende [...] amerikanische Innovation war aber gar kein besonderes Gerät (so wichtig das auch sein mochte), sondern eine Produktionsweise – das später so genannte amerikanische Fabrikwarensystem.

*David S. Landes, Wohlstand und Armut der Nationen, übers. von Ulrich Erwitz, Berlin (Siedler) 1998, S. 306 ff. und 312 ff.*

**M 2**

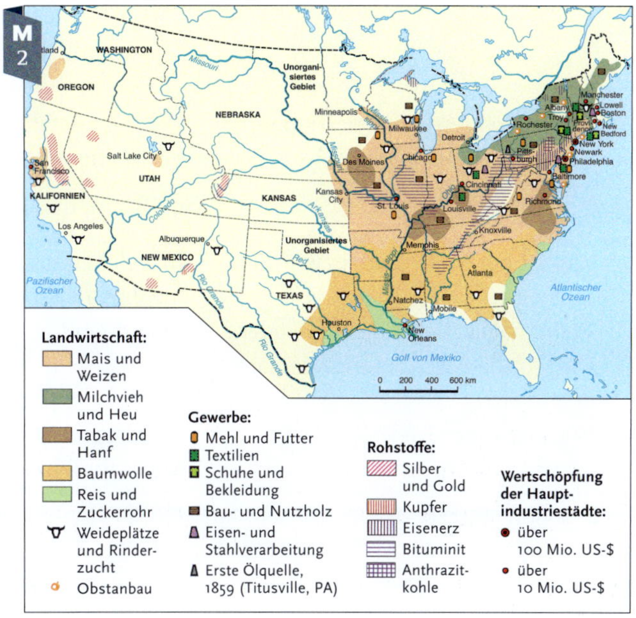


*Landwirtschaft, Gewerbe und Rohstoffe in den USA, 1869*

**M 3**

**Bedingungsfaktoren der Industrialisierung**

| Bedingungsfaktor | USA |
|---|---|
| | |
| | |
| | |
| | |
| | |

**1** Wiederhole aus Klasse 8 die Bedingungsfaktoren für die Industrialisierung in England und Deutschland und trage sie in M3 ein.

**2** Überprüfe mithilfe von M1 und M2, inwieweit die USA diese Faktoren erfüllten.

# Die UdSSR unter Stalin

*Über historische Gemälde gewinnen wir vielfältige Einblicke in die Geschichte. Ereignisse werden dokumentiert und Auskünfte über Alltagskultur, gesellschaftliche Wertvorstellungen oder Herrscherselbstverständnisse gegeben. Gemälde werden nach Malgrund bzw. Farbstoff (z.B. Wand-, Buch-, Glasmalerei etc.) und nach Bildinhalt (z.B. Historien- oder Herrschermalerei) differenziert. Bezüglich der Historienmalerei unterscheidet man zudem in Ereignisbilder (zeitgenössisch) und Historienbilder (retrospektiv). Wie man sich einem Gemälde historisch annähert und seine Aussage erschließt, kannst du auf dieser Seite lernen bzw. wiederholen.*

M 1

**Arbeitsschritte zur Methode „Gemälde analysieren“**

1. ______________________

Welche Fragestellung bestimmt die Analyse des Gemäldes?

2. ______________________

Wer ist der Maler und/bzw. Auftraggeber?
Wann ist das Gemälde entstanden?
Um welche Art von Gemälde handelt es sich?
Wie lautet der Titel?
Wer ist der Adressat?

3. ______________________

Welche Gestaltungsmittel werden verwendet und was bedeuten sie?

4. ______________________

In welchen historischen Zusammenhang lässt sich das Gemälde einordnen?

5. ______________________

Welche Intention verfolgte(n) Maler und/bzw. Auftraggeber?
Welche Wirkung sollte beim zeitgenössischen Betrachter erzielt werden? Mit welchen anderen Quellen lässt sich das Bild ggf. vergleichen?
Gibt das Gemälde den historischen Gegenstand sachlich angemessen wieder?
Welche Schlussfolgerungen lassen sich im Hinblick auf die Leitfrage ziehen?
Wie lässt sich das Bild aus heutiger Sicht bewerten?

M 2

*„Rosen für Stalin“, Gemälde von B.E. Wladimirski, 1949*

## Teste dich

**Das konnte ich besonders gut**

**Das muss ich noch üben**

1 Finde für M1 Oberbegriffe zur Methode „Gemälde analysieren".
2 Führe die Methode am Beispiel von M2 durch.
3 Trage in den Kasten „Teste dich" ein, was du bei der Methode „Gemälde analysieren" gut konntest und was du zukünftig noch üben musst.

# Der Aufstieg der USA und der UdSSR im Vergleich

*Russland und die Vereinigten Staaten von Amerika sind von ihrer historischen und politischen Entwicklung betrachtet zwei vollkommen unterschiedliche Staaten. Spätestens nach Ende des Zweiten Weltkriegs dominierten die UdSSR und die USA die internationalen Beziehungen, dies spaltete die Welt in zwei Lager.*

- *Wie entwickelten sich beide Staaten zu den Supermächten des Kalten Krieges?*

M 1

**Der Aufstieg von USA und UdSSR im Vergleich**

Die Vereinigten Staaten von Amerika sind die älteste Demokratie der modernen Welt. Bis zur Unabhängigkeitserklärung am 4. Juli 1776 musste sich die amerikanische Bevölkerung die Freiheit vom englischen Mutterland blutig erkämpfen. In dieser Entstehungsgeschichte ist die besondere Bedeutung der Freiheit im amerikanischen Selbstbild begründet. Bis heute ist die Freiheitsstature auf Liberty Island im New Yorker Hafen eines der bekanntesten Symbole der Vereinigten Staaten. Russland dagegen wurde schon immer autoritär regiert. Zunächst durch einen absoluten Monarchen, den Zaren, und nach der Oktoberrevolution 1917 durch eine kommunistische Diktatur.

Auch in wirtschaftlicher Sicht nahmen beide Staaten sehr unterschiedliche Entwicklungen. Russland blieb lange Zeit sehr rückständig und konnte seine zahlreichen Rohstoffvorkommen kaum nutzen, vor allem weil es kein finanzkräftiges Bürgertum gab, das investierte. So blieb das Riesenreich abhängig von ausländischen Investitionen, die sich vorrangig auf die Zentren Moskau und St. Petersburg beschränkten. Die Gewinne blieben zumeist nicht in Russland, sondern flossen wieder ins Ausland zurück. Die USA dagegen entwickelten sich sehr schnell zur führenden Wirtschaftsmacht. Grundlagen waren hier die reichen Rohstoffvorkommen, die zunächst importiert und später im Land selbst verarbeitet wurden. Entscheidender war jedoch, dass es hier finanzkräftige Unternehmer gab, die das Risiko nicht scheuten und ihr Geld investierten. Weiterhin spielten Erfindungen und Innovationen, das Wettbewerbsdenken sowie die zahlreichen Einwanderer eine erhebliche Rolle.

1796 sagte George Washington: „Unsere wahre Politik ist, uns fernzuhalten von allen dauernden Bündnissen mit irgendeinem Teil der ausländischen Welt." Diese Einschränkung galt aber nicht für wirtschaftliche Beziehungen. Einen Wandel erfuhr diese Haltung in den 1880er-Jahren. Die europäischen Großmächte machten sich daran, die Welt unter sich aufzuteilen und die USA dadurch abzuhängen. In den 1890er-Jahren wurden deshalb die Seestreitkräfte der USA erheblich ausgebaut. Hauptinteressengebiet waren Zentralamerika und die Karibik. Die amerikanische Methode beruhte auf wirtschaftlicher Durchdringung des jeweiligen Landes. Mit dem sogenannten Dollarimperialismus machten die USA zahlreiche Länder auch politisch abhängig und wurden ein international bedeutsamer Akteur. Russland dagegen war wirtschaftlich und militärisch zu schwach, als dass es in den imperialistischen Wettlauf hätte eingreifen können. Vor allem die Niederlage gegen Japan 1905 belegt dies. Dennoch wollte Nikolaus II. am „Konzert der Großen" teilhaben. Durch die Politik des Panslawismus sollte ein slawisches Großreich unter russischer Führung geschaffen werden. Da die slawischen Völker auch auf dem Balkan lebten, geriet man in Konflikt zur Habsburgermonarchie Österreich-Ungarn. Das Attentat von Sarajewo führte in der Folge zum Ersten Weltkrieg. Durch die gegenseitigen Bündnisverpflichtungen kam es am 1.8.1914 zur Kriegserklärung Deutschlands an Russland. Die USA dagegen hielten sich zunächst aus den Kriegshandlungen heraus. Erst nach der Verkündung des uneingeschränkten U-Bootkrieges durch die deutsche Oberste Heeresleitung im Februar 1917 griffen die USA aufseiten der Entente in den Krieg ein und brachten die entscheidende Wende.

Nicht zuletzt deshalb wird das Jahr 1917 als Epochenjahr bezeichnet. Ein weiterer Grund ist der Kriegsaustritt Russlands 1918 infolge der Revolution. Der Zar musste bereits im Februar 1917 abdanken. Im blutigen Machtkampf zwischen den Menschewiki und den Bolschewiki setzten sich mit ihrer Forderung Letztere nach einer radikalen Umgestaltung des politischen Systems durch. Seit der Machtübernahme durch die Sowjets unter Lenin war auch der Weg in die Diktatur vorgezeichnet. Schon Ende 1917 wurde die Geheimpolizei Tscheka gebildet, die Kritiker verhaften und einschüchtern sollte. Als Lenin 1924 starb, wurde die Diktatur unter Stalin weiter ausgebaut. Gegner der Regierung wurden verhaftet und in sogenannte Gulags (Arbeitslager) verschleppt. Diese Säuberungen dauerten bis 1928/29 an. Die USA entwickelten sich nach dem Ersten Weltkrieg wirtschaftlich zur dominierenden Macht. Durch den Sieg flossen die Kredite aus England und Frankreich zurück. Gleichzeitig wurde durch die Zerstörung und den Wiederaufbau in Europa eine große Nachfrage geschaffen. Davon profitierten die USA bis Ende der 1920er-Jahre. Dann jedoch kam es zum Börsenkrach, der das Land in eine tiefe Depression stürzte.

***Verfassertext***

**M 2** **Titel**

| Absatz | Titel |
|---|---|
| 1 | |
| 2 | |
| 3 | |
| 4 | |

**M 3** **„Richtig oder falsch?“**

| Nr. | Aussage | Richtig? | Falsch? |
|---|---|---|---|
| 1 | Von der Niederlage im Ersten Weltkrieg konnten die USA wirtschaftlich profitieren. | | |
| 2 | Russland besaß zahlreiche Rohstoffvorkommen. | | |
| 3 | Schon 1914 griffen die USA in den Ersten Weltkrieg ein. | | |
| 4 | Die politischen Systeme beider Staaten ähneln sich stark. | | |
| 5 | Die USA griffen weltpolitisch schon immer stark ein. | | |
| 6 | Russland entwickelte sich nach der Revolution 1917 zu einer Demokratie. | | |
| 7 | Russland vollzog eine Politik des Panslawismus. | | |
| 8 | In den USA gab es viele Unternehmer, die ihr Geld immer wieder neu investierten. | | |

**1** Lies den Text und gib jedem Absatz in M2 einen Titel.
**2** Kontrolliere mithilfe von M3, ob du den Inhalt des Textes richtig verstanden hast, indem du entscheidest, welche Aussagen richtig oder falsch sind.
**3** Korrigiere die falschen Aussagen, indem du sie richtig aufschreibst.

# Die Blockbildung – Warschauer Pakt vs. NATO

*Die beiden Supermächte USA und UdSSR versuchten, sich durch die Bildung von Bündnissystemen abzusichern. So wurden auch die von ihnen abhängigen bzw. mit ihnen verbündeten Staaten in ein System kollektiver Sicherheit eingebunden. Beide Organisationen standen sich an der innerdeutschen Grenze direkt gegenüber.*

- *Welche Ziele hatten sie?*
- *Wie werden sie beurteilt?*

**M 1**

**Aus dem NATO-Vertrag, 4. April 1949**

Die vertragschließenden Parteien erklären von Neuem ihren Glauben an die Ziele und Grundsätze der Satzung der Vereinten Nationen und ihren Wunsch, mit allen Völkern und allen Regierungen in Frieden zu leben. Sie sind entschlossen, die Freiheit, das gemeinsame Erbe und die Zivilisation ihrer Völker zu sichern, die sich auf die Grundsätze der Demokratie, der individuellen Freiheit und der Herrschaft des Rechts begründet. [...]

Artikel 1. Die Parteien verpflichten sich, [...] jegliche internationale Streitigkeiten, in die sie verwickelt werden könnten, durch friedliche Mittel [...] beizulegen. [...]

Artikel 5. Die vertragschließenden Parteien sind sich darüber einig, dass ein bewaffneter Angriff auf eine oder mehrere von ihnen in Europa oder Nordamerika als ein Angriff gegen sie alle betrachtet werden soll, und [...] dass jede von ihnen im Falle eines solchen bewaffneten Angriffs [...] der Partei oder den Parteien, die derart angegriffen werden, beistehen wird.

*Zit. nach: Helmut Krause/Karlheinz Reif, Die Welt seit 1945 (= Geschichte in Quellen, Bd. 7), München (bsv) 1980, S. 386.*

**M 2**

**Aus dem Warschauer Vertrag, 14. Mai 1955**

Artikel 1. Die vertragschließenden Parteien verpflichten sich in Übereinstimmung mit der Satzung der Organisation der Vereinten Nationen, sich in ihren internationalen Beziehungen der Drohung mit Gewalt oder ihrer Anwendung zu enthalten und ihre internationalen Streitfragen mit friedlichen Mitteln so zu lösen, dass der Weltfrieden und die Sicherheit nicht gefährdet werden. [...]

Artikel 4. Im Falle eines bewaffneten Überfalls in Europa oder auf einen oder mehrere Teilnehmerstaaten des Vertrages [...] wird jeder Teilnehmerstaat des Vertrages in Verwirklichung des Rechtes auf individuelle oder kollektive Selbstverteidigung [...] sofortigen Beistand individuell und in Verbindung mit den anderen Teilnehmerstaaten des Vertrages mit allen Mitteln [...] erweisen.

*Zit. nach: Helmut Krause/Karlheinz Reif, Die Welt seit 1945 (= Geschichte in Quellen, Bd. 7), München (bsv) 1980, S. 464–465.*

**M 3** **Winfried Heinemann über die NATO und den Warschauer Pakt**

Anfangs hatte das Bündnis [gemeint ist der Warschauer Pakt, M.S.] eher politisches Gewicht: Es war als Gegendrohung zur NATO-Mitgliedschaft der Bundesrepublik, als Tauschpfand zur Auflösung beider Koalitionen von sowjetischer Seite gedacht. Aber auch ohne den formellen Pakt hatte die Sowjetunion in den fünfziger Jahren ihre „Vasallen" fest im politischen, wirtschaftlichen und militärischen Griff. Trotzdem diente [der Warschauer Pakt] Moskau als wirksames Instrument der Einflussnahme und Kontrolle. Zudem beinhaltete das Vertragswerk die Koordination der politischen Ziele und Handlungen der Teilnehmerstaaten, was vorrangig in sowjetischem Interesse lag [...]. Letztlich entstanden, wenn auch erst Jahre nach der Gründung der Allianz, militärische Kommandostrukturen unter eindeutig sowjetischer Dominanz, mit der die UdSSR die Teilnehmerstaaten mit ihrem Militär, ihrer Wirtschaft und Gesellschaft umfassend in das Wettrüsten und die Vorbereitung der Auseinandersetzung mit der NATO bereits im Frieden einband.
Eine kritische Geschichte des westlichen Gegenstücks, der NATO, ergibt, dass diese als politisches Bündnis entstanden ist und sich erst später – teilweise sogar im Gegensatz zu den Vorstellungen ihrer Begründer – einen Militärapparat geschaffen hat. Trotzdem stößt es auch heute kaum auf Widerspruch, wenn die Nordatlantische Allianz als Militärbündnis tituliert wird.

*Zit. nach: Winfried Heinemann, Der Warschauer Pakt von der Gründung bis zum Zusammenbruch. Einleitung, in: Torsten Diederich, Winfried Heinemann, Christian F. Ostermann: Der Warschauer Pakt. Von der Gründung bis zum Zusammenbruch 1955 bis 1991 (= Schriftenreihe der Bundeszentrale für politische Bildung, Bd. 782), Bonn (Christoph Links Verlag) 2009, S. 2.*

**M 4** **Eigenes Urteil**

1 Fasse die Aussagen der beiden Bündnisverträge in M1 und M2 zusammen. Berücksichtige dabei vor allem die Sprache der Vertragstexte.

2 Beurteile die Bedeutung der beiden militärischen Bündnisse vor dem Hintergrund der Aussagen Heinemanns in M3.

3 Verfasse ein eigenes Urteil und schreibe dieses in M4 auf.

# Die Weltfeuerwehr – UNO

*Die UNO wurde unmittelbar nach dem Ende des Zweiten Weltkrieges in San Francisco gegründet. Ihre Mitglieder verpflichteten sich zur Wahrung des Weltfriedens. Sollte dieser in Gefahr geraten, sollte die UNO eingreifen und ihn sichern – ein hohes Ziel. Oftmals standen die Vereinten Nationen vor einer Zerreißprobe. Ein Problem waren dabei auch die Institutionen der UNO selbst.*

- *Wie ist die UNO aufgebaut?*
- *Welche Schwierigkeiten bereitet ihre Struktur?*

**M 1 Der Aufbau der Vereinten Nationen**

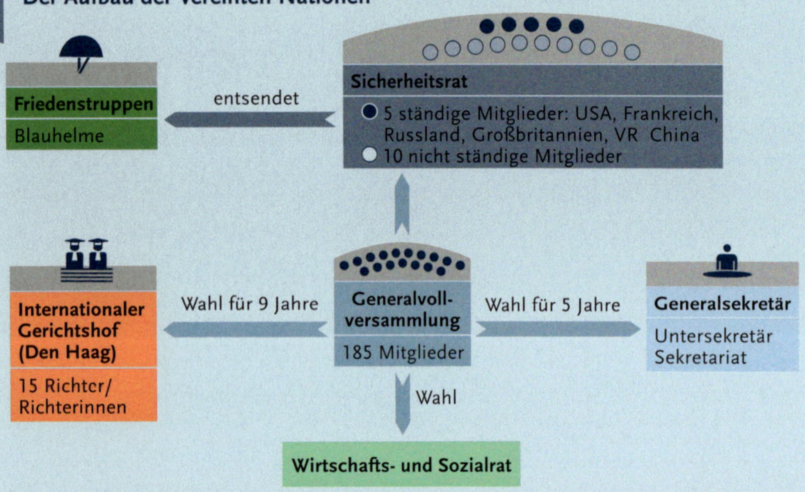


**M 2 Auszug aus der UN-Charta**

Artikel 27

(1) Jedes Mitglied des Sicherheitsrats hat eine Stimme.

(2) Beschlüsse des Sicherheitsrats über Verfahrensfragen bedürfen der Zustimmung von neun Mitgliedern.

(3) Beschlüsse des Sicherheitsrats über alle sonstigen Fragen bedürfen der Zustimmung von neun Mitgliedern einschließlich sämtlicher ständigen Mitglieder [...]

*Zit. nach: http://www.un.org/depts/german/un_charta/charta.pdf (Abrufdatumg: 22.07.2013)*

**M 3 Der UN-Sicherheitsrat verurteilt Nordkorea, 25. Juni 1950**

1. Der Sicherheitsrat verurteilt die nordkoreanische Regierung für ihre fortgesetzte Missachtung der Vereinten Nationen [...].

3. Der Sicherheitsrat fordert alle Staaten auf, der nordkoreanischen Regierung keinen Beistand, auch nicht moralischer Art zu leisten und keine Maßnahmen zu ergreifen, die zu einer Ausdehnung des koreanischen Konfliktes auf andere Gebiete und zu einer hiermit verbundenen weiteren Gefährdung des internationalen Friedens und der Sicherheit führen würden.

*Zit. nach: Helmut Krause/Karlheinz Reif, Die Welt seit 1945 (= Geschichte in Quellen, Bd. 7), München (Bayerischer Schulbuch-Verlag), 1980, S. 593.*

**M 4 Der stellvertretende Außenminister der UdSSR Gromyko zur Ursache des Koreakrieges, 4.7.1950**

Die gegenwärtigen Ereignisse in Korea entstanden am 25. Juni infolge eines provokatorischen Überfalles von südkoreanischen Truppen auf Grenzbezirke der Koreanischen Volksdemokratischen Republik [...]. Ziel ist, Korea der nationalen Unabhängigkeit zu berauben, die Gründung eines geeinten, demokratischen koreanischen Staates zu verhindern und [...] gewaltsam ein Regime zu errichten, das den [...] USA erlauben würde, Korea zu ihrer Kolonie zu machen und koreanisches Gebiet als strategisches Aufmarschgebiet [...] zu benutzen.

*Zit. nach: B. Gehlhoff, Chronik 1950, Dortmund (Chronik Verlag) 1989, S. 107.*

**1** Beschreibe mit M1 den Aufbau der UNO und erläutere, wie der UN-Sicherheitsrat zu Entscheidungen gelangt.

**2** Erkläre unter Bezugnahme auf das Beispiel Koreakrieg (M3 und M4), welche Schwierigkeiten die UN-Charta beinhaltet.

# Der Vietnamkrieg

*Neben Korea war Vietnam in der Zeit des Kalten Krieges ein weiterer Kriegsschauplatz in Asien. Diverse Verfilmungen sowie das Entstehen einer weltweiten Protestbewegung verdeutlichen die Tragweite dieses Krieges. Seine Ursachen waren vielfältig, weshalb besser von einem „Vietnamkonflikt" zu sprechen ist.*

- *Wie kam dieser Konflikt zustande, wie verlief er und wer waren die Beteiligten?*

M 1

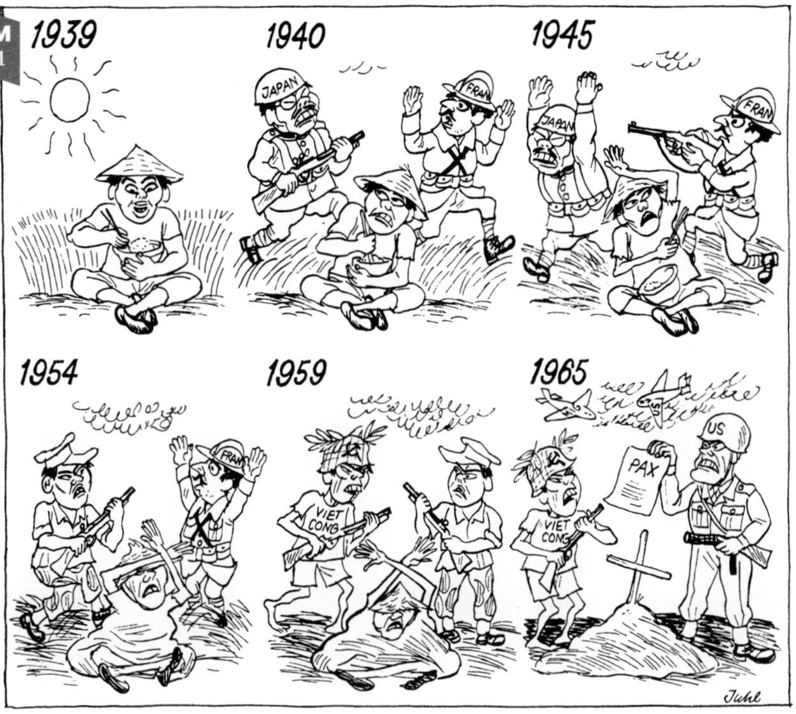


*Es gibt kein Happy End (Dänemark, 1965)*

Formalia: ______________________

______________________

______________________

______________________

______________________

______________________

______________________

______________________

______________________

______________________

Geschichte des Vietnamkonflikts: ______________________

______________________

______________________

______________________

______________________

______________________

______________________

______________________

1 Nenne die formalen Angaben zu M1.

2 Verfasse die Geschichte des Vietnamkonflikts anhand von M1. Recherchiere dafür gegebenenfalls weitere Fakten.

3 Überlege, für wen in M1 Partei ergriffen wird, und nimm Stellung zum Vorgehen der Amerikaner.

*In der zweiten Hälfte des 20. Jahrhunderts wurde das Weltgeschehen von den USA und der UdSSR dominiert – zwei einander feindlich gegenüberstehenden Supermächten. Politische und wirtschaftliche Gegensätze färbten auf die jeweiligen Bündnisstaaten ab, weshalb die Welt in zwei Lager gespalten wurde. Dein Wissen über die Zeit des „Kalten Krieges" kannst du auf dieser Seite testen.*

**M 1** **USA, UdSSR und Kalter Krieg**

**M 2** Wer wird Millionär?

**200 €**

Die älteste Demokratie der Welt ist:

- A USA
- B Frankreich
- C Deutschland
- D England

**500 €**

Die russische Wirtschaft wurde lange Zeit von ... dominiert.

- A Landwirtschaft
- B Industrie
- C Wissenschaft
- D Bankwesen

**1000 €**

Harry S. Truman war:

- A amerikanischer Präsident
- B englischer Unternehmer
- C amerikanischer Regisseur
- D kanadischer Außenminister

**2 000 €**

Die UNO wurde gegründet in:

- A New York
- B Washington D.C.
- C San Francisco
- D Springfield

**4 000 €**

Im Kalten Krieg standen sich gegenüber:

- A NATO und Warschauer Bund
- B Warschauer Einheit und NATO
- C NATO und Warschauer Pakt
- D Warschauer Pakt und NATA

**8 000 €**

John F. Kennedy sagte den berühmten Satz:

- A „Ich liebe Berlin."
- B „Ein Hoch auf die Berliner."
- C „Ich habe einen Traum."
- D „Ich bin ein Berliner."

**16 000 €**

Ein vietnamesischer Nationalheld heißt:

- A Dien Bien Phu
- B Ho Chi Minh
- C Kum Il-sung
- D Ngo Dinh Nhu

**32 000 €**

Der Koreakrieg war in welchem Jahr?

- A 1950
- B 1951
- C 1952
- D 1953

**64 000 €**

Kein ständiges Mitglied der Vereinten Nationen ist:

- A Russland
- B Deutschland
- C VR China
- D Frankreich

**125 000 €**

Wann starb Stalin?

- A 1955
- B 1951
- C 1953
- D 1946

**500 000 €**

Die Entstalinisierung und Reformen Russlands förderte welcher Politiker?

- A Breschnew
- B Chruschtschow
- C Berija
- D Lenin

**1 000 000 €**

Am Vietnamkonflikt war nicht direkt beteiligt:

- A USA
- B Frankreich
- C UdSSR
- D Japan

## „Das hat mich besonders interessiert"

1 Ergänze die stumme Karte in M1 mit Fakten zum Thema „USA, UdSSR und Kalter Krieg".

2 Löse das „Wer wird Millionär?"-Rätsel (M2). Kreuze jeweils die richtige Antwort an.

3 Trage in den Kasten „Das hat mich besonders interessiert" ein, was dich an der Thematik „USA, UdSSR und Kalter Krieg" interessiert hat, und erläutere warum.

# Personen in der Geschichte

*Nach dem Ende des Zweiten Weltkrieges wurden für den Wiederaufbau Deutschlands Politiker gebraucht, die vom Nationalsozialismus unbelastet waren. Die Sowjetunion hatte bereits während des Krieges Kommunisten gezielt auf ihren Einsatz nach dem Krieg vorbereitet. Im Westen Deutschlands suchte man einerseits Politiker, die bereits in der Weimarer Republik politisch aktiv waren und nicht im Verdacht standen, mit den Nazis zusammengearbeitet zu haben. Andererseits kamen viele neue Politiker in hohe Ämter.*

- *Was dachten diese über die aktuelle Situation und die Zukunft Deutschlands?*

**M 1** **Personen der deutsch-deutschen Geschichte 1945–1961**

*Ludwig Erhard*

*Hilde Benjamin*

*Konrad Adenauer*

1945 – 1961

*Walter Ulbricht*

*Elisabeth Selbert*

*Wilhelm Pieck*

**M 2** **Gespräch über die Zukunft Deutschlands**

1 Sammle die wichtigsten Informationen (Lebensdaten, politische Funktion) zu den abgebildeten Personen in M1.

2 Nimm an, diese Personen wären nach dem Ende des Zweiten Weltkriegs an einem „Runden Tisch" zusammengekommen. Verfasse in M2 ein fiktives Gespräch, das an diesem Tisch über die Zukunft Deutschlands hätte geführt werden können.

# Die Stunde null – Neuanfang im zerstörten Deutschland

*Der „totale Krieg" führte Deutschland in eine bis dato unbekannte militärische, politische und gesellschaftliche Katastrophe und endete mit der totalen Niederlage und der bedingungslosen Kapitulation. Im Laufe des Krieges hatte das Deutsche Reich letztlich weltweit 51 Staaten den Krieg erklärt. Die Hinterlassenschaften dieses Krieges waren über 55 Millionen Tote, unzählige Vertriebene und Heimatlose und teilweise bis auf die Grundmauern zerstörte Städte und Dörfer. Kurz nach der Kapitulation der Deutschen machte der Begriff „Stunde null" Schlagzeilen.*

- *Was verbarg sich dahinter?*

M 1

Ein Wehrmachtssoldat vor dem Berliner Reichstag, 1945

**Gedanken des Soldaten:**

M 2

**Der Begriff „Stunde null"**

1 Verfasse mögliche Gedanken des in M1 abgebildeten Soldaten. Recherchiere gegebenenfalls die historischen Umstände im Jahr der Bildentstehung.

2 Nimm in M2 anhand deiner Ausführungen Stellung zum Begriff „Stunde null".

# Trümmerfrauen

*Nach dem Zweiten Weltkrieg waren viele Männer entweder gefallen oder in Kriegsgefangenschaft. Der Frauenüberschuss war groß, viele Frauen waren allein. Bereits während des Krieges hatten Frauen in der Rüstung aushelfen müssen, weil die Männer auf dem Schlachtfeld kämpften. Jetzt, nach dem Krieg, waren es die Frauen, die die Trümmer wegräumen mussten. Mit wenigen Werkzeugen trugen sie die zerstörten Gebäude Stein für Stein ab und entfernten den Mörtel daran mit Hämmern oder Messern, damit die Ziegelsteine für den Wiederaufbau erneut verwendet werden konnten. Die sogenannten Trümmerfrauen prägten das Bild vieler zerbombter Städte. Sie wurden zum Symbol für den Aufbruch.*

- *Wie gingen sie mit ihrem Schicksal um?*

M 1

Foto „Ein Tänzchen in Ehren …" – der Leierkastenmann spielt auf, unbekannter Fotograf, Berlin, 1945

M 2

## Methode „Fotos analysieren"

**Schritt A: Fragen zum Fotografen klären**

**Schritt B: Fragen zum Foto**

**Schritt C: Aussage und Deutung**

## Teste dich

**Das konnte ich besonders gut**

**Das muss ich noch üben**

1 Wiederhole mithilfe von M2 die Methode „Fotos analysieren“, indem du zu den Schritten A bis C die entsprechenden Unterschritte findest und sie einträgst.

2 Führe die Methode am Beispiel von M1 durch.

3 Trage in den Kasten „Teste dich“ ein, was du bei der Methode „Fotos analysieren“ gut konntest und was du zukünftig noch üben musst.

# Entnazifizierung in Deutschland

*Auf der Potsdamer Konferenz (17. Juli bis 2. August 1945) beschlossen die Alliierten, dass es in Deutschland neben Demontagen, Dezentralisierung, Demokratisierung und Demilitarisierung eine umfassende Denazifizierung geben sollte. Diese lag in der Verantwortung der jeweiligen Besatzungsmacht und fiel deshalb sehr unterschiedlich aus.*

- *Wie ernst wurde die Entnazifizierung genommen?*
- *Welche Urteile gibt es heute zu diesem Prozess?*

**M 1**

**Der Historiker Konrad Jarausch über den Erfolg der Entnazifizierung, 2004**

Überzogene Ziele und bürokratische Durchführung brachten die Bevölkerung gegen die Säuberung auf. Dennoch erscheint die anfangs rechte Erinnerung einer „verfehlten Entnazifizierung“ weitgehend als eine Legende, die auch durch Verwandlung in eine linke Analyse nicht glaubwürdiger wird, weil die Beurteilung der Säuberung von meist unausgesprochenen Kriterien abhängt. Wenn man erwartet, dass alle Parteimitglieder aus dem Verkehr gezogen wurden, dann beweist das Auftauchen jedes Nazis nach 1945 den Fehlschlag – aber wenn man nach ihrer politischen Wirkungsmächtigkeit über den Zusammenbruch hinaus fragt, dann ist der langfristige Erfolg ebenso deutlich. Entstand nicht gerade in der SBZ, die wesentlich rigoroser verfuhr, eine zweite Diktatur, da sich die SED wenig an rechtsstaatliche Mittel hielt? Die ärgerliche Rehabilitierung vieler Nationalsozialisten im Westen war keine wirkliche Gefahr, da ihre Internierung, Entlassung und Überprüfung den Antifaschisten und Unbelasteten einen Vorsprung in der Besetzung von Stellen und bei der Bildung von Parteien gab. Hat ihre Wiedereingliederung unter der Kontrolle von Besatzung und kritischer Öffentlichkeit nicht geradezu Wiederaufbau und Demokratisierung der Bundesrepublik erleichtert, weil sie die Entstehung einer Subkultur von Ewiggestrigen verhinderte? Das eigentliche Paradox der großen Säuberung ist daher der Widerspruch zwischen ihrem kurzfristigen Versanden und ihrem langfristigen Erfolg.

*Konrad Jarausch, Die Umkehr. Deutsche Wandlungen 1945–1995 (= Schriftenreihe der Bundeszentrale für politische Bildung, Bd. 469), Bonn (Deutsche Verlags-Anstalt) 2004, S. 75.*

## M2 Titel

| | Hans Globke | Vincenz Müller |
|---|---|---|
| |  |  |
| Lebensdaten | | |
| Karriere vor dem Nationalsozialismus | | |
| Karriere im Nationalsozialismus | | |
| Entnazifizierung? | | |
| Karriere nach 1945 | | |

## M3 Eigenes Urteil

1 Fasse die These von Konrad Jarausch zusammen. Finde für seine Position historische Argumente.

2 Recherchiere im Internet zu Hans Globke und Vincenz Müller folgende Informationen: Lebensdaten, Karriere vor dem Nationalsozialismus, Karriere im Nationalsozialismus, Entnazifizierung, Karriere nach 1945. Trage deine Informationen in die Tabelle M2 ein.

3 Verfasse ein eigenes Urteil zur Entnazifizierung in Deutschland und schreibe dieses in M3 auf.

# Besatzungszonen und Deutschlandpolitik der Alliierten

*Im Februar 1945 wurde in Jalta die Aufteilung Deutschlands in vier Besatzungszonen (BZ) festgelegt. Im August 1945 einigten sich die „Großen Drei" in Potsdam auf die Wahrung der wirtschaftlichen Einheit Deutschlands und zudem auf die politischen Grundsätze: Demilitarisierung, Dezentralisierung, Denazifizierung, Demokratisierung, Demontage. Der alliierte Kontrollrat, zur Regierung eingesetzt, erwies sich jedoch als entscheidungsunfähig, die wirtschaftliche Einheit konnte nicht gewahrt werden und die politischen Interessen gingen auseinander.*

- *Wie sah Deutschland nach dem Krieg aus und welche Ziele verfolgten die Besatzungsmächte?*

**M 1**

**Die Besatzungszonen**

Die BZ sollten das Staatsgebiet des Deutschen Reiches von 1937 umfassen, allerdings ohne die Gebiete ostwärts der Oder-Neiße-Linie, welche unter sowjetische (nördlicher Teil Ostpreußens um Königsberg) bzw. polnische Verwaltung gestellt wurden.

In den BZ fand eine Umstrukturierung in Form von Länderneubildungen statt. Im Juli 1945 wurden im sowjetischen Gebiet (Hauptquartier: Berlin-Karlshorst) die Länder Brandenburg, Mecklenburg-Vorpommern, Sachsen, Sachsen-Anhalt und Thüringen gegründet, im September 1945 auf amerikanischem Gebiet (Hauptquartier: Frankfurt am Main) Bayern, Bremen, Hessen, Württemberg-Baden und Mitte 1946 auf britischem Gebiet (Hauptquartier: Bad-Oeynhausen) Hamburg, Nordrhein-Westfalen, Schleswig-Holstein, Lippe, Braunschweig, Hannover, Oldenburg, Schaumburg-Lippe – aus letzteren vier entstand im November 1946 das Land Niedersachsen, Lippe wurde 1947 Nordrhein-Westfalen zugeschlagen – sowie zur selben Zeit auf französischem Gebiet (Hauptquartier: Baden-Baden) Baden, Rheinland-Pfalz, Württemberg-Hohenzollern. Das Saargebiet gehörte bis November 1947 zur französischen Zone, wurde später zum autonomen französischen Protektorat Saarland und 1957 Teil der Bundesrepublik Deutschland. Auch Berlin wurde in vier Sektoren eingeteilt.

In den westlichen BZ entstand 1947 die Bizone und 1948/49 mit Aufnahme Frankreichs die Trizone.

*Verfassertext*

**M 2**

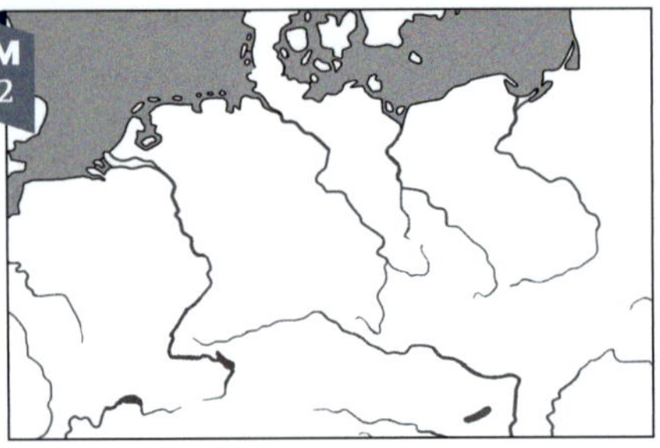

*Die Aufteilung Deutschlands*

Legende: ____________________

____________________

____________________

____________________

**M 3**

**Politische Ziele der Besatzungsmächte**

| USA | Großbritannien | Frankreich | UdSSR |
|---|---|---|---|
| | | | |
| | | | |
| | | | |
| | | | |

1 Lies den Text M1.

2 Zeichne nun die Informationen aus dem Text in die Karte (M2) ein. Fertige eine Legende an. Nutze gegebenenfalls einen Atlas.

3 Recherchiere die Ziele der Besatzungsmächte und trage sie in die Tabelle M3 ein.

# Die doppelte Staatsgründung

*Das Auseinanderdriften von Ost und West offenbarte sich v.a. auf wirtschaftlicher Ebene: In den westlichen Zonen wurde anhand des Marshallplans der Aufbau einer kapitalistischen Marktwirtschaft und in der Ostzone der Aufbau einer sozialistisch orientierten Planwirtschaft vorangetrieben. 1948 wurde in der Trizone eine Währungsreform durchgeführt, die zu wirtschaftlichem Aufschwung führen sollte. In Berlin eskalierte daraufhin die politische Situation. Die UdSSR verhängte die sogenannte Berlin-Blockade - die Amerikaner unterstützten die eingeschlossenen Westberliner per Luftbrücke und „Rosinenbombern". Schließlich wurden auf deutschem Gebiet zwei neue Staaten gegründet, die Bundesrepublik Deutschland (23. Mai 1949) und die Deutsche Demokratische Republik (7. Oktober 1949).*

- *Wie sahen sich die beiden Staaten?*

**M 1** **Regierungserklärungen von Konrad Adenauer (21. Oktober 1949) und Otto Grotewohl (12. Oktober 1949)**

☐ ______________________

Die wirtschaftliche und die politische Trennung der Sowjetzone von dem übrigen Deutschland wurde weiter gefördert durch die Einsetzung des sogenannten Ersten Volkskongresses am 6. Dezember 1947, die Einberufung des Zweiten Volkskongresses am 18. März 1948, die Schaffung eines Volksrats am gleichen Tag, die Erteilung des Auftrags an den Volksrat, eine Verfassung auszuarbeiten, und schließlich durch die Verabschiedung dieser Verfassung durch den Volksrat am 19. März 1949.

☐ ______________________

Die Handlungen der Regierung werden durch nichts anderes bestimmt als durch die vom Deutschen Volksrat beschlossene, vom 3. Deutschen Volkskongress bestätigte und durch die Volkskammer in Kraft gesetzte Verfassung der Deutschen Demokratischen Republik. Die Regierung geht aus der ersten unabhängigen deutschen Volksbewegung hervor, sie ist damit die erste unabhängige deutsche Regierung. [...]

☐ ______________________

Die Bundesrepublik Deutschland stützt sich dagegen auf die Anerkennung durch den frei bekundeten Willen von rund 25 Millionen stimmberechtigter Deutscher. Die Bundesrepublik Deutschland ist somit bis zur Erreichung der deutschen Einheit insgesamt die alleinige legitimierte staatliche Organisation des deutschen Volkes.

☐ ______________________

[...] Der nunmehr in die Volkskammer umgewandelte frühere Deutsche Volksrat hat wiederholt Vorschläge an die westdeutschen Politiker ergehen lassen, eine gemeinsame politische Plattform für eine demokratische Willensbildung in ganz Deutschland zu schaffen. Sie haben in Westdeutschland diesen demokratischen Weg abgelehnt und glauben, mit den Methoden einer maßlosen Hetze und Verleumdung gegen die Sowjetunion und gegen die sowjetische Besatzungszone weiterzukommen. [...]

☐ ______________________

Die westdeutschen Politiker, die westlichen Alliierten und darüber hinaus die Weltöffentlichkeit werden sich davon überzeugen müssen, dass nur dann, wenn dem deutschen Volke das Recht auf die staatliche Selbstbestimmung eingeräumt wird, das Deutschlandproblem gelöst werden kann. [...]

☐ ______________________

Diese Volkskongresse sind nicht aus Wahlen, das heißt aus freien Wahlen, an denen sich jeder hätte frei beteiligen können, hervorgegangen. Für den Dritten Volkskongress durfte nur eine Einheitsliste aufgestellt werden. Die in der vom Volksrat beschlossenen Verfassung vom 19. März 1949 vorgesehenen Wahlen für eine Volkskammer wurden nicht abgehalten. Der Volksrat etablierte sich am 7. Oktober 1949 im Widerspruch mit der von ihm selbst beschlossenen Verfassung als provisorische Volkskammer. Gleichzeitig wurde erklärt, dass Wahlen, die schon mehrfach in Aussicht gestellt waren, bis zum 15. Oktober 1950 verschoben würden. [...]

☐ ______________________

In der Sowjetzone wurden schon im Jahre 1945 [...] Zentralverwaltungen eingerichtet, die den unverkennbaren Zweck hatten, die ganze sowjetische Zone staatlich einheitlich zu organisieren. [...]

☐ ______________________

Es wird niemand behaupten können, dass die nunmehr geschaffene Organisation der Sowjetzone auf dem freien Willen der Bevölkerung dieser Zone beruht. [...]

☐ ______________________

Die Bonner Verfassung ist nur die Ausführungsbestimmung des Besatzungsstatuts der westlichen Alliierten. Der in Westdeutschland errichtete Verfassungszustand ist keineswegs als der Ausdruck einer eigenen deutschen politischen Willensbildung anzuerkennen. [...]

**1** Die Texte in M1 sind Auszüge aus zwei verschiedenen Reden. Lies zunächst die Textauszüge, gib ihnen Überschriften und markiere, aus welcher Regierungserklärung (Adenauer oder Grotewohl) sie stammen.

**2** Nummeriere die Teiltexte pro Rede in der richtigen Reihenfolge.

**3** Unterstreiche Aussagen, wie der jeweils andere Staat gesehen wurde.

# Die deutschen Verfassungen im Vergleich

*Im Jahr 1949 wurde die deutsche Teilung manifestiert. Am 23. Mai 1949 wurde das westdeutsche Grundgesetz verabschiedet und damit die Bundesrepublik Deutschland gegründet. Fast fünf Monate später entstand am 7. Oktober aus der sowjetischen Besatzungszone die Deutsche Demokratische Republik.*

- *Worin unterschieden sich die beiden deutschen Staaten?*
- *Waren es demokratische politische Systeme?*

M 1 Schaubild zum Staatsaufbau der DDR

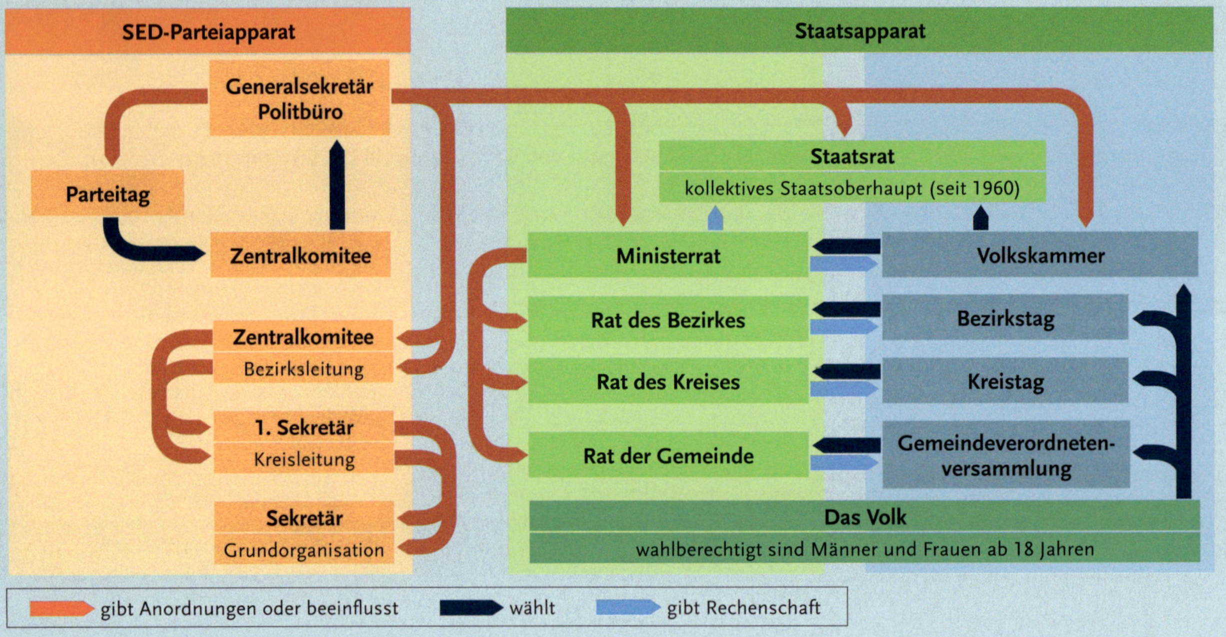


M 2 Schaubild zum Grundgesetz

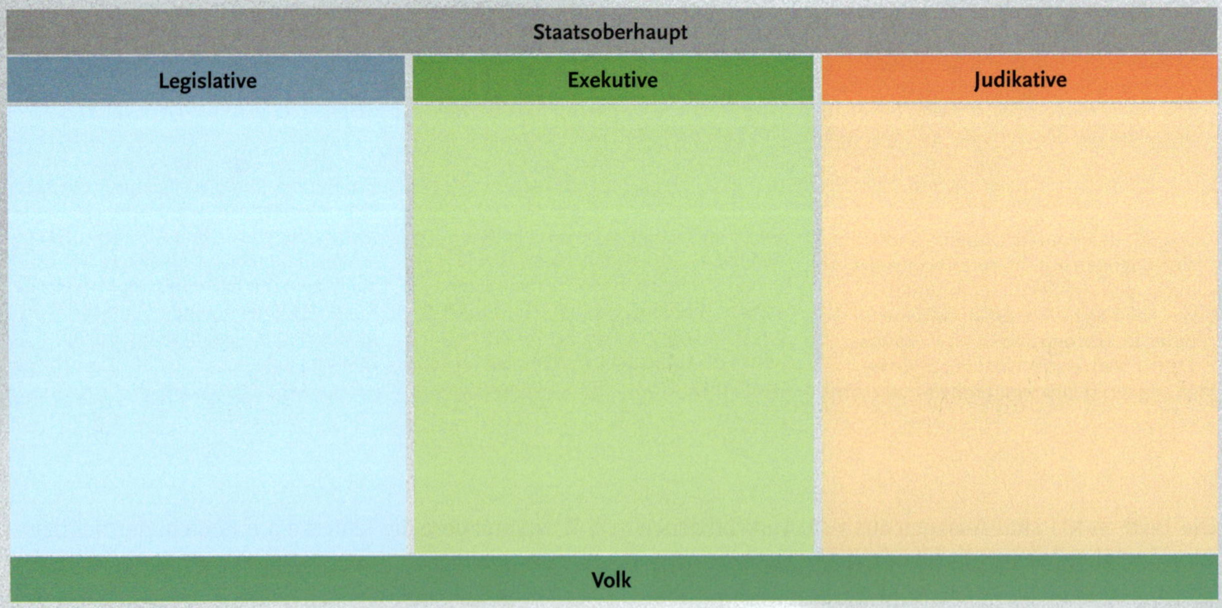

**M 3**

**Auszug aus dem Grundgesetz vom 23. Mai 1949**

*III. Der Bundestag*

Art. 38. (1) Die Abgeordneten des Deutschen Bundestages werden in allgemeiner, unmittelbarer, freier, gleicher und geheimer Wahl gewählt. Sie sind Vertreter des ganzen Volkes, an Aufträge und Weisungen nicht gebunden und nur ihrem Gewissen unterworfen. [...]

Art. 39. (1) Der Bundestag wird auf vier Jahre gewählt. [...]

*IV. Der Bundesrat*

Art. 50. Durch den Bundesrat wirken die Länder bei der Gesetzgebung und Verwaltung des Bundes mit.

Art. 51. [...] (2) Jedes Land hat mindestens drei Stimmen, Länder mit mehr als zwei Millionen Einwohnern haben vier, Länder mit mehr als sechs Millionen Einwohnern fünf Stimmen. [...]

*V. Der Bundespräsident*

Art. 54. (1) Der Bundespräsident wird ohne Aussprache von der Bundesversammlung gewählt. [...]

(2) Das Amt des Bundespräsidenten dauert fünf Jahre. Anschließende Wiederwahl ist nur einmal zulässig. [...]

*VI. Die Bundesregierung*

Art. 62. Die Bundesregierung besteht aus dem Bundeskanzler und aus den Bundesministern.

Art. 63. (1) Der Bundeskanzler wird auf Vorschlag des Bundespräsidenten vom Bundestage ohne Aussprache gewählt.

(2) Gewählt ist, wer die Stimmen der Mehrheit der Mitglieder des Bundestages auf sich vereinigt. Der Gewählte ist vom Bundespräsidenten zu ernennen. [...]

Art. 64. (1) Die Bundesminister werden auf Vorschlag des Bundeskanzlers vom Bundespräsidenten ernannt und entlassen. [...]

Art. 67. (1) Der Bundestag kann dem Bundeskanzler das Misstrauen nur dadurch aussprechen, dass er mit der Mehrheit seiner Mitglieder einen Nachfolger wählt und den Bundespräsidenten ersucht, den Bundeskanzler zu entlassen. Der Bundespräsident muss dem Ersuchen entsprechen und den Gewählten ernennen. [...]

Art. 68. (1) Findet ein Antrag des Bundeskanzlers, ihm das Vertrauen auszusprechen, nicht die Zustimmung der Mehrheit der Mitglieder des Bundestages, so kann der Bundespräsident auf Vorschlag des Bundeskanzlers binnen einundzwanzig Tagen den Bundestag auflösen. Das Recht zur Auflösung erlischt, sobald der Bundestag mit der Mehrheit seiner Mitglieder einen anderen Bundeskanzler wählt. [...]

*IX. Die Rechtsprechung*

Art. 92. Die rechtsprechende Gewalt ist den Richtern anvertraut; sie wird durch das Bundesverfassungsgericht, durch das Oberste Bundesgericht, durch die in diesem Grundgesetze vorgesehenen Bundesgerichte und durch die Gerichte der Länder ausgeübt.

Art. 93. (1) Das Bundesverfassungsgericht entscheidet:
1. über die Auslegung dieses Grundgesetzes aus Anlass von Streitigkeiten über den Umfang der Rechte und Pflichten eines obersten Bundesorgans oder anderer Beteiligter, die durch dieses Grundgesetz oder in der Geschäftsordnung eines obersten Bundesorgans mit eigenen Rechten ausgestattet sind; [...]

Art. 94. (1) [...] Die Mitglieder des Bundesverfassungsgerichtes werden je zur Hälfte vom Bundestage und vom Bundesrate gewählt. Sie dürfen weder dem Bundestage, dem Bundesrate, der Bundesregierung noch entsprechenden Organen eines Landes angehören. [...]

Art. 97. (1) Die Richter sind unabhängig und nur dem Gesetze unterworfen. [...]

***Zit. nach: http://www.verfassungen.de/de/gg/grundgesetz-vergleiche-i.htm, (Abrufdatum: 26.07.2013)***

**M 4**

**Vergleich**

______________________________

______________________________

______________________________

______________________________

______________________________

**1** Betrachte das Schaubild zum Staatsaufbau der DDR in M1.

**2** Lies dir den Auszug aus dem Grundgesetz in der Fassung vom Mai 1949 in M3 durch und erstelle auf dieser Grundlage in M2 ein Schaubild zum politischen System der Bundesrepublik Deutschland. Arbeite auch mit Pfeilen und Farben.

**3** Vergleiche die politischen Systeme der beiden deutschen Staaten.

# Die Wirtschaftsordnungen im Vergleich

*Die auf der Potsdamer Konferenz beschlossene angestrebte Wahrung der wirtschaftlichen Einheit Deutschlands war spätestens seit der Währungsreform am 20. Juni 1948 gescheitert. Fortan verlief die wirtschaftliche Entwicklung der beiden neu entstandenen deutschen Staaten getrennt voneinander: In der sowjetischen Besatzungszone wurde eine sozialistische Zentralplanwirtschaft nach sowjetischem Vorbild errichtet, in den westlichen Besatzungszonen erfolgte die Neuordnung der Wirtschaft nach dem Konzept der Sozialen Marktwirtschaft.*

---

**M 1** **Die Zentrale Planwirtschaft**

Um die ____________________ Planwirtschaft näher zu erläutern, betrachten wir ein Beispiel aus vergangener Zeit: Die frühere ________________ war eine solche Volkswirtschaft, wo alleine die Planer der Regierung bestimmten, welche Waren und Dienstleistungen angeboten wurden, wer sie produzierte und wer wie viel ________________________ bekam. Zudem war geregelt, wer welchen Job erlernte und wie viel Güter und Dienstleistungen kosteten. Deshalb werden solche Wirtschaftssysteme Plan- oder besser Zentralverwaltungswirtschaft genannt. Die politisch-ideologische Idee dahinter ist, dass allein die ____________________ alle volkswirtschaftlichen Aktivitäten so organisieren und steuern kann, dass es allen Beteiligten gleich gut geht. Tatsächlich aber führt die Zentralverwaltungswirtschaft dazu, dass es allen gleich schlecht geht – denn sie ist vor allem durch eines geprägt: den __________________ . Da es der geplanten Wirtschaft nicht gelang, ____________ und schnell auf die wirtschaftlichen Bedürfnisse der Menschen zu reagieren, kam es immer wieder zu Mängeln und ________________ in der wirtschaftlichen Versorgung. Viele Sachen fehlten, weil der Staat nicht die Nachfrage bzw. den Geschmack der Menschen kannte. Bei vielen Produkten existierte aufgrund eines zu __________________ Preises eine viel zu ____________ Nachfrage. Eine erfolgreiche Planwirtschaft setzt voraus, dass der Planer alle Informationen über Nachfrage und Produktion, Geldmenge, Interessen, Produktionskapazitäten und so weiter besitzt. Und das ist schwerlich möglich. Ein weiterer Mangel herrschte hinsichtlich des ________________ Fortschritts. Durch die Planung durch die Regierung gab es in der DDR keinerlei Anreize für Innovationen. Technischer Fortschritt konnte somit nicht stattfinden. Ein gutes Beispiel für diesen Mangel ist der Trabant. Das bekannte Auto der DDR war in den 1960er Jahren technisch gesehen auf demselben ________________ wie Autos in Westdeutschland. Während die Technik aber in Westdeutschland weiterentwickelt wurde, baute man den Trabant auch noch 20 Jahre später genau wie früher.

M 2

## Die Soziale Marktwirtschaft

Wenn von einer freien Marktwirtschaft die Rede ist, dann ist damit in der reinen Lehre eine Wirtschaft gemeint, in der sich der Staat praktisch aus allem heraushält. Diese Wirtschaftsordnung mit ______________ unternehmerischer Freiheit bildete sich im 19. Jahrhundert heraus. Die Folgen zu dieser Zeit jedoch waren, dass nur sehr geringe Löhne bei unzumutbaren ______________ gezahlt wurden, sodass große Teile der Bevölkerung in ______________ Elend lebten. In einer Sozialen Marktwirtschaft spielt der Staat daher natürlich sehr wohl eine Rolle. Zum einen tritt er selbst als ______________ Marktteilnehmer auf, indem er zum Beispiel Arbeitsplätze bietet oder Straßen bauen lässt. Zum anderen und vor allem aber ______________ er als eine Art Schiedsrichter: Der Staat legt nämlich die Rahmenbedingungen fest, also jene Spielregeln, an die sich alle Marktteilnehmer halten müssen. Dazu zählt selbstverständlich in erster Linie das Grundgesetz, aber auch Regelungen wie die Gewerbeordnung, das Eigentums- und Wettbewerbsrecht sowie die ______________ . Letztere ist in einer Sozialen Marktwirtschaft so ______________ , dass auch diejenigen in der Gesellschaft, die wirtschaftlich nicht leistungsfähig sind (Arbeitslosigkeit, Krankheit etc.), menschenwürdige Lebensbedingungen durch den ______________ erhalten. Eine herausragende Stellung nimmt aber auch die Wettbewerbsordnung ein. Es bedarf eines starken Staates, um die ______________ des Marktes aufrechtzuerhalten.

M 3

**Wortkasten**

*Mangel – Wirtschaftsordnung – Arbeitszeit – groß – DDR – Level – ausrichten – Produktionsfaktor – aktiv – fungieren – Funktion – Engpass – flexibel – uneingeschränkt – Staat – Regierung – Sozialordnung – niedrig – sozial – technisch*

M 4

| Lügentext | Berichtigung |
|---|---|
| | |
| | |
| | |
| | |
| | |

1 Vervollständige die Lücken in M1 und M2 mit Begriffen aus dem Wortkasten M3. Beachte, dass diese dekliniert bzw. konjugiert werden müssen.

2 Verfasse zu den Wirtschaftsordnungen einen Lügentext.

3 Tauscht die Texte mit einem Partner. Korrigiert gegenseitig eure Lügentexte.

# Der 17. Juni 1953

*In den 1950er-Jahren verschlechterte sich die Situation in der DDR zusehends. Viele Menschen flohen in die Bundesrepublik. Die regierende SED wollte dennoch die Produktivität steigern und erließ neue Arbeitsnormen, die letztlich eine Lohnkürzung zur Folge gehabt hätten. Diese Maßnahme ließ die Situation in der DDR eskalieren – es kam zum Aufstand.*

- *Wie sah die politische Führung der DDR diesen Aufstand?*
- *Wie war das politische Echo in der Bundesrepublik?*

## M1 Meldungen aus der DDR

**Zusammenbruch des Abenteuers ausländischer Agenten in Berlin**
*(Neues Deutschland, 18.06.1953)*

**Provokationen von Westberliner Kriegshetzern im demokratischen Sektor Berlins**
*(Neues Deutschland, 17.06.1953)*

**Der Zusammenbruch des faschistischen Abenteuers**
*(Neues Drutschland, 19.06.1953)*

**Zu vollen Erfolgen in der Normenbewegung**
*(Neues Deutschland, 17.06.1953)*

**Berlin geht wieder an die Arbeit**
*(Neues Deutschland, 19.06.1953)*

## M2 Meldungen aus der Bundesrepublik

**Kriegsrecht über Ostberlin. Sowjets schießen auf Arbeiter. Generalstreik gegen den Terror.**
*(Telegraf, 17.06.1953)*

**Ostberlin in Aufruhr. Demonstrationen bis in die Nacht. Tausendfacher Ruf: Freie Wahlen!**
*(Telegraf, 18.06.1953)*

**Ostberliner Arbeiter rufen zum Generalstreik gegen ihre Unterdrückung auf.**
*(Der Abend, 16.06.1953)*

**Offene Rebellion in Ostberlin. Aufruf zum Generalstreik. SED-Regierung soll abtreten.**
*(Berliner Morgenpost, 17.06.1953)*

Situation aus Sicht der DDR:

Situation aus Sicht der Bundesrepublik:

## M3 Was ist wirklich geschehen?

1 Beschreibe die Sicht der DDR sowie der Bundesrepublik auf die Ereignisse am 17. Juni 1953 am Beispiel der Zeitungsmeldungen in M1 und M2.

2 Vergleiche diese Positionen in M3 mit deinen Kenntnissen über die Ereignisse des 17. Juni 1953.

# Der Mauerbau – 13. August 1961

*Am 15. Juni 1961 sagte Walter Ulbricht: „Niemand hat die Absicht, eine Mauer zu errichten!" – am 13. August 1961 wurde mit dem Bau begonnen. Die DDR-Propaganda nannte die Grenzbefestigungen „antifaschistischen Schutzwall", sie sollten das wirtschaftliche Ausbluten der DDR verhindern. Die Mauer wurde zu einem nahezu unüberwindlichen Bollwerk. Sie trennte nicht nur die Stadt Berlin, sondern war auch ein Synonym für die Teilung Deutschlands bzw. der ganzen Welt. Viele Schicksale sind mit ihr verbunden.*

- *Welche Geschichte umgibt sie?*

**M 1** „Deutsche Brüder" von Hanns Erich Köhler (o.O., 1949)

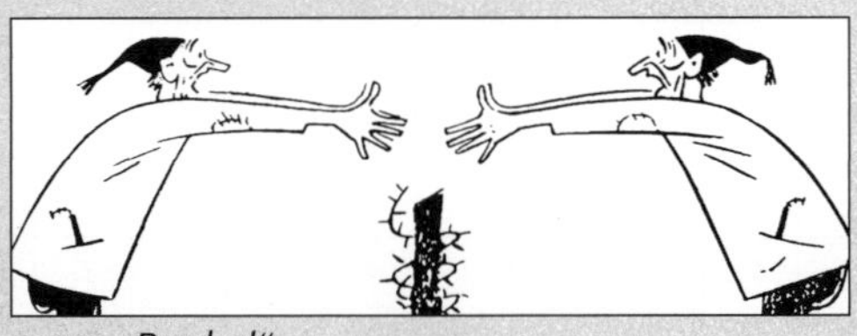

*1945: „Bruder!"*

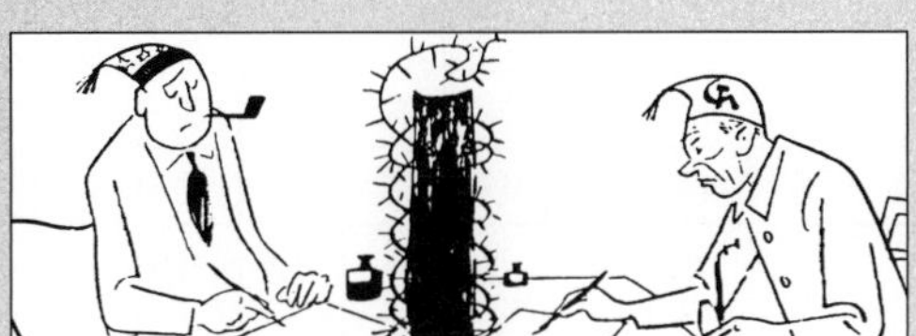

*1955: „Mein lieber Vetter!"*

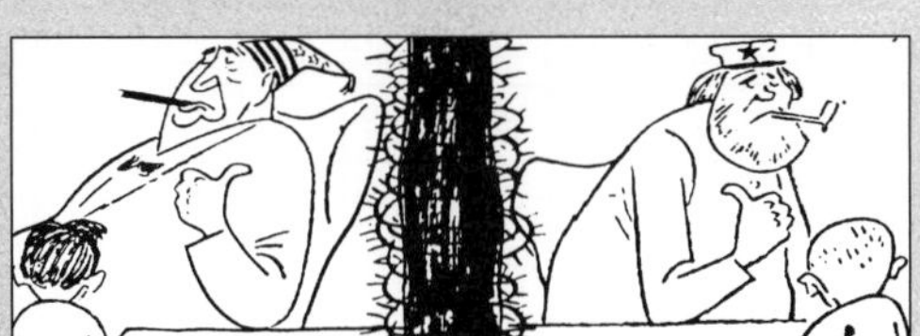

*1965: „Ach ja – wir haben irgendeinen entfernten Verwandten im Ausland ..."*

*nach 1989:* ____________________

1 Betrachte die Karikatur M1. Warum wurde das Jahr 1961 nicht dargestellt?

2 Fasse die Aussage der Karikatur M1 unter Einbezug des historischen Kontexts, speziell der Ereignisse den Mauerbau betreffend, in eigenen Worten zusammen.

3 Zeichne eine vierte Darstellung des Themas für die Zeit nach dem Mauerfall, gib ihr einen Titel und ergänze deine Ausführungen.

*Nach dem Ende des Zweiten Weltkrieges lag Deutschland am Boden. Zunächst aufgeteilt in Besatzungszonen sollte nie wieder ein Krieg von hier ausgehen. Danach gestalteten die Alliierten ihre Deutschlandpolitik. Die Einbindung in das jeweilige Lager zweier einander feindlich gegenüberstehender Machtblöcke im Kalten Krieg führte zur Entstehung zweier deutscher Staaten, deren Trennung spätestens mit dem Bau der Berliner Mauer manifestiert wurde. Was du über die deutsch-deutsche Geschichte von 1945 bis 1961 weißt, kannst du auf dieser Doppelseite überprüfen.*

M 1

## Buchstabensalat

| | | | | | | | | | | | | | | | | | | | | | |
|---|---|---|---|---|---|---|---|---|---|---|---|---|---|---|---|---|---|---|---|---|---|
| G | R | U | N | D | G | E | E | S | E | T | Z | Z | Q | U | A | R | D | Y | N | M | J |
| N | O | T | B | U | N | M | E | N | G | B | K | A | L | L | O | N | E | F | P | A | T |
| U | T | I | N | V | B | V | N | P | R | N | F | D | L | H | S | R | A | M | O | G | N |
| D | G | G | N | I | Q | L | K | J | A | I | T | R | U | T | H | U | H | N | T | O | E |
| N | I | R | R | L | U | X | U | R | H | R | E | E | N | D | I | N | G | R | S | G | L |
| E | D | E | U | T | S | C | H | L | A | N | D | V | E | R | T | R | A | G | D | R | L |
| U | H | P | N | N | U | H | L | K | R | U | A | P | D | E | V | B | O | V | A | A | O |
| R | E | L | D | I | D | I | L | T | A | S | V | O | N | K | A | M | R | I | M | H | S |
| G | R | B | G | E | B | G | Q | U | A | K | S | P | U | N | K | A | T | E | E | C | S |
| S | R | E | E | M | A | E | E | R | G | H | J | E | T | B | N | U | I | X | R | S | A |
| T | I | R | R | A | L | V | A | S | I | G | E | D | S | G | I | U | P | O | K | N | M |
| A | N | L | R | N | K | A | S | B | E | J | W | N | N | A | B | U | N | D | O | A | N |
| A | A | I | I | T | N | R | E | Z | I | T | S | U | M | B | E | R | A | N | N | G | A |
| T | K | N | E | N | O | Z | S | G | N | U | Z | T | A | S | E | B | U | F | F | E | L |
| S | B | B | N | E | R | G | O | L | S | A | R | S | T | S | T | A | T | I | E | R | P |
| E | R | L | E | B | A | R | R | E | S | B | E | T | U | T | E | U | S | E | R | O | L |
| T | T | O | G | L | T | R | U | E | M | M | E | R | F | R | A | U | E | N | E | B | L |
| L | M | C | D | I | L | I | B | R | E | E | I | A | F | K | O | R | T | E | N | E | A |
| E | G | K | O | N | F | E | R | X | A | N | T | I | P | E | T | N | V | Y | Z | S | H |
| P | E | A | P | T | O | L | E | M | O | S | N | O | M | T | A | R | N | N | I | P | S |
| P | R | D | Z | D | N | U | R | B | F | U | A | U | A | B | R | E | U | A | M | I | R |
| O | S | E | V | O | S | V | O | R | G | I | N | G | R | B | R | A | U | K | L | E | A |
| D | N | A | T | S | F | U | A | S | K | L | O | V | A | K | N | O | K | O | D | T | M |

M 2

## Zeitstrahl

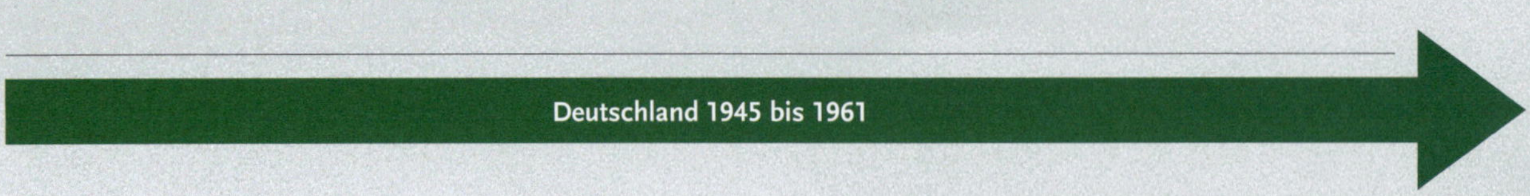

M 3 Kurzdarstellung 1945–1961

„Das hat mich besonders interessiert“

1 In dem Gitterrätsel verbergen sich zwölf Begriffe rund um die Jahre 1945 – 1961. Finde und markiere sie.
2 Trage die Begriffe in den Zeitstrahl M2 ein.
3 Verbinde die Begriffe in M3 zu einer Kurzdarstellung über die Geschichte der Jahre 1945 – 1961.
4 Trage in den Kasten „Das hat mich besonders interessiert“ ein, was dich an der Thematik Deutschland nach 1945 bis zum Mauerbau besonders interessiert hat, und erläutere warum.

# Personen in der Geschichte

*Mit dem Mauerbau 1961 war die deutsche Einheit in weite Ferne gerückt. Während in der Bundesrepublik verschiedene Koalitionen regierten, hielt in der DDR die SED die Zügel weiter fest in der Hand. In den 1970er-Jahren kam es zu einer Annäherung zwischen den beiden deutschen Staaten.*

- *Was hielten die führenden Politiker auf beiden Seiten der Grenze von der Vereinigung Deutschlands?*

## M1 Personen der deutsch-deutschen Geschichte 1961–1990

Hans-Dietrich Genscher

Egon Krenz

Helmut Kohl

1961

–

1990

Erich Honecker

Helmut Schmidt

Erich Mielke

## M2 Gespräch zur Frage der deutschen Einheit

1 Sammle die wichtigsten Informationen (Lebensdaten, politische Funktion) zu den abgebildeten Personen in M1.

2 Nimm an, diese Personen wären an einem „Runden Tisch“ über die Frage der deutschen Einheit zusammengekommen. Verfasse in M2 ein fiktives Gespräch, das an diesem Tisch hätte geführt werden können.

# Wirtschaftsentwicklung der beiden deutschen Staaten im Vergleich

*Einer der größten Unterschiede zwischen den beiden deutschen Staaten lag im Wirtschaftssystem. Die Bundesrepublik setzte auf die soziale Marktwirtschaft und die DDR auf die Planwirtschaft.*

- *Wie wirkte sich das jeweilige Wirtschaftssystem auf die Leistungsfähigkeit der beiden deutschen Staaten aus?*

M 1

**Wirtschaftsdaten DDR und Bundesrepublik Deutschland im Vergleich**

| | DDR | | | Bundesrepublik Deutschland | | |
|---|---|---|---|---|---|---|
| Jahr | BIP* insg. in Mio. € | BIP je Einwohner in € | Einwohner in Tausend | BIP insg. in Mio. € | BIP je Einwohner in € | Einwohner in Tausend |
| 1950 | 37285 | 2028 | 18388 | 261950 | 5240 | 49989 |
| 1960 | 72887 | 4228 | 17241 | 573720 | 10350 | 55433 |
| 1970 | 112985 | 6624 | 17058 | 897000 | 14790 | 60651 |
| 1980 | 164028 | 9800 | 16737 | 1178700 | 19145 | 61566 |
| 1989 | 207944 | 12516 | 16614 | 1399500 | 22550 | 62063 |

** BIP = Bruttoinlandsprodukt*

*Zahlen nach: Gerhard Heske, Volkswirtschaftliche Gesamtrechnung DDR 1950–1989. Daten, Methoden, Vergleiche (= Supplement 21, hg. v. Zentrum für historische Sozialforschung), Köln 2009, S. 248 und 266.*

1 Interpretiere die Statistik M1 nach den dir bekannten Schritten.

2 Nimm Stellung zu folgender Aussage: „Die Bundesrepublik Deutschland war der DDR ökonomisch deutlich überlegen.“

# Die Bundesrepublik Ende der 1960er-Jahre – zwischen Studentenprotest und Terrorismus

*Mit dem Ende der Kanzlerschaft Adenauers 1963 ging eine Ära zu Ende, die den westdeutschen Staat maßgeblich geprägt hatte. Nun drängte gesellschaftlich die Nachkriegsgeneration immer mehr an die Macht. Es wurden Fragen nach der Verantwortung der Eltern für den Nationalsozialismus gestellt, die bis dahin ein öffentliches Tabu darstellten. Die Debatten wurden nicht nur intellektuell geführt, sondern auch mit Protesten auf der Straße. Hier kam es oftmals zu Gewalt.*

- *Worum ging es den Demonstranten?*
- *Wie konnte sich daraus eine terroristische Bewegung entwickeln?*

M 1

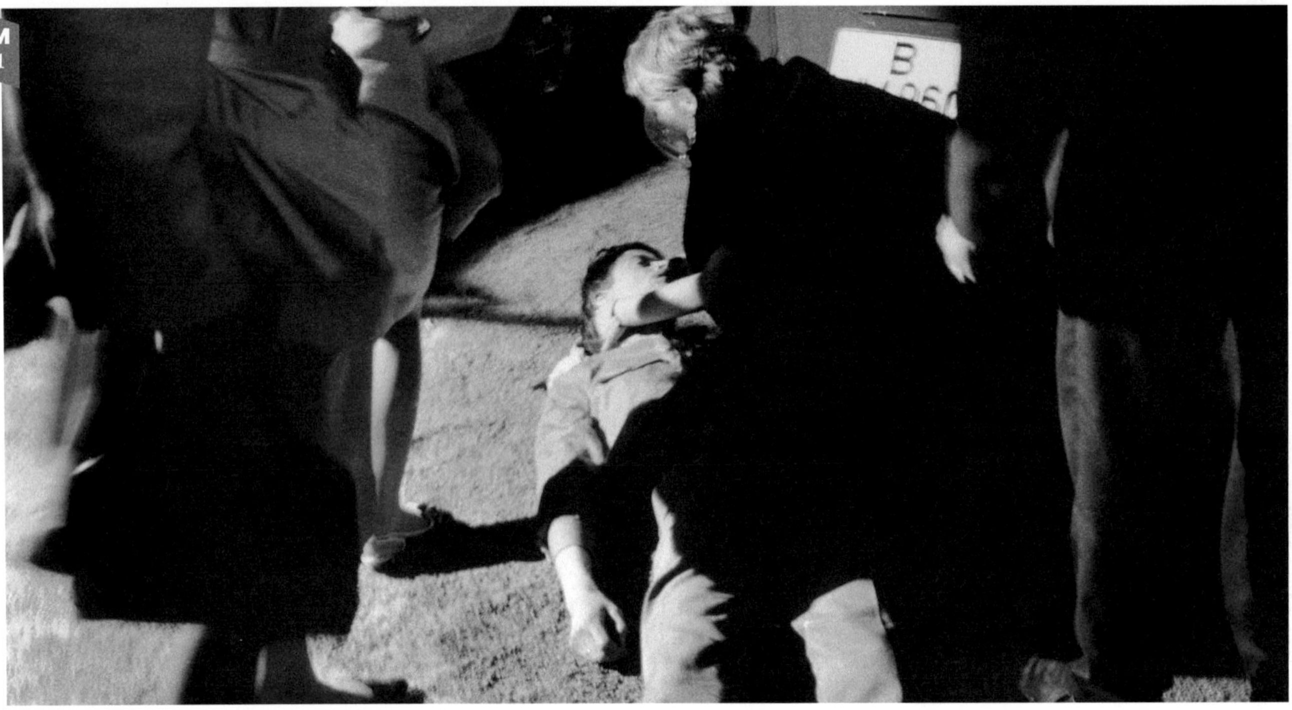


*Der erschossene Student Benno Ohnesorg, Berlin, 2. Juni 1967*

M 2

**Zeitungsartikel**

M 3

## Chronik der terroristischen Ereignisse des Jahres 1977

| Datum | | Ereignis |
|---|---|---|
| 7. April | | Das Oberlandesgericht Stuttgart verurteilt Andreas Baader, Gudrun Ensslin und Jan-Carl Raspe wegen vierfachen Mordes zu lebenslanger Haft. |
| 29. April | | In Mühlhausen (Elsass) findet die Polizei die Leiche Schleyers im Kofferraum eines Autos. |
| 30. Juli | | In Karlsruhe erschießt ein RAF-Kommando Generalbundesanwalt Siegfried Buback, seinen Fahren und einen Justizbeamten. |
| 5. September | | Eine Spezialeinheit des Bundesgrenzschutzes stürmt das entführte Flugzeug in Mogadischu (Somalia), befreit die Geiseln und erschießt drei Entführer. |
| 13. Oktober | | Im Gefängnis Stammheim werden Baader, Ensslin und Raspe tot aufgefunden. Die Staatsanwaltschaft erkennt auf Selbstmord. |
| 18. Oktober | | RAF-Mitglieder entführen den Präsidenten des Arbeitgeberverbandes, Hanns Martin Schleyer, und erschießen dabei den Fahrer und drei Polizisten. Die Entführer verlangen die Freilassung von elf RAF-Häftlingen. |
| 18. Oktober | | Vier Palästinenser entführen eine Lufthansa-Maschine mit 87 Geiseln. Sie fordern die Freilassung der inhaftierten RAF-Terroristen. |
| 19. Oktober | | Susanne Albrecht ermordet zusammen mit zwei RAF-Mitgliedern den Vorstandsvorsitzenden der Dresdner Bank, Jürgen Ponto. |

*entnommen aus: Joachim Rohlfes, Deutschland seit 1945 (= Historisch-politische Weltkunde), Stuttgart/Leipzig (Klett) 2008, S. 50.*

**Wähle aus:**

**1 a)** Betrachte das Foto in M1. Stell dir vor, du bist Journalist und sollst einen Bericht über die Ereignisse in Berlin verfassen. Recherchiere die Fakten zu dem Bild und verfasse einen Artikel. Wähle dafür aus, ob du den Artikel aus der Sicht eines linken, eines konservativen oder eines neutralen Journalisten schreibst.

**b)** Bringe die Ereignisse in M3 in die richtige Reihenfolge, indem du das jeweilige Datum mit dem passenden Ereignis verbindest. Erkläre, wieso die Situation Ende der 1960er-Jahre in den sogenannten Deutschen Herbst eskalierte.

# Die Bundesrepublik in der Ära Kohl

*Mit der Abwahl Helmut Schmidts 1982 begann die Ära Helmut Kohls, der die Bundesrepublik 16 Jahre lang als Bundeskanzler prägen sollte. Themen seiner Amtszeit waren unter anderem die sogenannte geistig-moralische Wende, die Nachrüstung und der Fortschritt der europäischen Integration. Kohls politische Laufbahn wurde gekrönt von der deutschen Wiedervereinigung 1990 und dem Ende des Ost-West-Konfliktes 1991. Weiterhin trat in der Ära Kohl auf bundespolitischer Ebene eine neue Partei in Erscheinung. 1983 zogen die Grünen erstmals in den Bundestag ein.*

- *Für welche politischen Ziele standen sie?*
- *Wie veränderten sie die deutsche Politik?*

M 1

„Der Bundestag sieht grün", Isabel Kreitz, 2011

M 2

## Methode „Comics analysieren“

### Schritt A: Inhalt der Geschichte

1 Fasse die Aussagen des Comics bildweise zusammen.
2 Formuliere die Aussagen des gesamten Comics.

### Schritt B: Stilmittel

3 Welche Stilmittel nutzt die Zeichnerin? Beschreibe sie.
4 Welche Bedeutung haben sie im Zusammenhang mit den Aussagen?

### Schritt C: Abgleich der Inhalte mit dem historischen Kontext

5 Auf welche historischen Personen oder Ereignisse verweist die Zeichnerin?
6 Was weißt du darüber?
7 Vergleiche dein Wissen mit dem Inhalt der Geschichte.

### Schritt D: Beurteilung

8 Beurteile die Glaubwürdigkeit des Comics.
9 Nimm Stellung zu den Aussagen.

### Teste dich

**Das konnte ich besonders gut**

**Das muss ich noch üben**

1 Lies dir die methodischen Schritte zu „Comics analysieren“ genau durch. Kläre mit deinem Banknachbarn die einzelnen Schritte.

2 Führe die Methode am Beispiel des Comics in M1 durch.

3 Trage in den Kasten „Teste dich“ ein, was du bei der Methode „Comics analysieren“ gut konntest und was du zukünftig noch üben musst.

# Die DDR in den 1980er-Jahren

*Für die DDR waren die 1980er-Jahre eine schwere Zeit. Zwar konnte im Jahrzehnt zuvor die weitgehende außenpolitische Isolation aufgebrochen werden, jedoch wurden die wirtschaftlichen Probleme immer größer. Im Nachbarland Polen war die „Solidarnść-Bewegung erfolgreich und sorgte für Reformen. Und auch in der Sowjetunion war mit Michail Gorbatschow ein Politiker an die Macht gelangt, der seit 1985 mit „Glasnost" und „Perestroika" für Aufsehen sorgte. All dies beeinflusste auch die DDR.*

- *Wie sah es aus in der DDR in den 1980er-Jahren?*
- *Welche Sorgen hatte die Bevölkerung?*

M1

**Hinweise zur Erstellung eines Comics**

- Überlege dir vor dem Zeichnen eine komplette Geschichte, die du darstellen möchtest. Schreibe diese in Stichpunkten in M2 auf. Nutze dein Lehrbuch und das Internet, um historische Fakten zum Thema zu recherchieren.
- Fertige Vorzeichnungen (Skizzen) auf Extrablättern an. Wie sollen die Personen aussehen? Wie unterscheiden sich die Personen voneinander? Wo ist Platz für Sprechblasen? Was sagen die Personen?
- Beginne die Panels (einzelne Kästchen für den Comic) zunächst mit Bleistift zu zeichnen.

M2

**Inhalte des Comics**

## M 3 Der Comic

1 Erstelle einen Comic zur Geschichte der DDR in den 1980er-Jahren. Beachte dabei die Hinweise in M1.

# Die Jugend in der DDR – die FDJ

*Die Jugend war für die herrschende SED eine sehr wichtige Zielgruppe politischer Beeinflussung. Die Partei wollte den kommenden Generationen so früh wie möglich die „richtige" politische Einstellung beibringen. Das war nicht nur auf die Zeit in der Schule beschränkt, sondern wurde durch eine Vielzahl von Organisationen auch in der Freizeit fortgesetzt. Die Freie Deutsche Jugend war die größte der Jugendorganisationen.*

- *Wie empfanden die Jugendlichen diese Zeit?*
- *Ließen sie sich politisch beeinflussen?*

**M 1** **Eine Zeitzeugin erinnerte sich über die Zeit bei der FDJ, 1999**

Es war eben schön dort. [...] Die machten schöne Sachen. Die haben da gebastelt und gemacht und getan. Alle sind da hingegangen. Pioniernachmittage waren, und ich war immer ausgeschlossen. Die haben dort Sachen gemacht, wo ich sonst überhaupt nicht zu kam. [...] Meine Eltern hatten ja kaum Zeit. Da war nicht viel mit zusammen was unternehmen. Mein Vater wollte das gar nicht, der wollte seine Ruhe, höchstens mal ne Dampferfahrt. Ich hasse Dampferfahrten. Was blieb dann? Das war dann eben schön an den Pionieren, dass man da seine Veranstaltungen hatte. Die haben schöne Sachen gemacht, das gab's bei uns zu Hause nicht: gebastelt, Ausflüge, ins Kino oder so Auftritte vor Leuten mit unseren Programmen. Dann wurden sie gelobt, wie schön das war. Wer da nicht bei war, stand ja immer draußen, gehörte nicht dazu.

*Zit. nach: Sonja Häder, Mythologisierung der „Arbeiterkinder"? in: Peter Hübner/Klaus Tenfelde (Hg.), Arbeiter in der SBZ-DDR. Essen 1999, S. 700*

**M 2** **Eintrag zum Thema „Demonstrationen und Aufmärsche" in einem Internetforum der TU Chemnitz und der Humboldt-Universität Berlin (www.zonentalk.de)**

1983 (9. Klasse) wurde ich zum Pfingsttreffen nach Magdeburg „delegiert". Aus allen Teilen der Republik kamen „Jugendfreunde" im Blauhemd, um miteinander zu feiern und (wie üblich) sich zum Staat zu bekennen. Mit dem beliebten Verpflegungsbeutel ausgerüstet, kam man in der Bezirkshauptstadt an und nahm irgendwann Aufstellung zu einem der zahlreichen Aufmärsche. Nun die Hauptsache: Von Lastwagen wurden Fahnen und Transparente herausgegeben und in der Menge verteilt. Mir drückte jemand ein Schild mit der schönen Aufschrift „ICH WERDE BERUFSOFFIZIER" in die Hand, welches ich dann hochzuhalten hatte. Toll, ich hatte niemals vor, diese Laufbahn einzuschlagen und habe es auch nie getan, sollte es aber weithin sichtbar verkünden. Spätestens da war der Ofen aus. Ich bin das Schild losgeworden – hatte es einfach in einer Ecke „vergessen". Gut, an diesem Tag wurde auch vieles geboten, was nicht übel war, und viele – wohl die meisten – waren begeistert, aber ich wollte nur nach Hause. Warum sind wir eigentlich bei Aufmärschen und Demonstrationen (1.5. oder 7.10.) mitgegangen? Als Kind war die Sache klar: Es ist „Feiertag", also geht man mit der Klasse hin, aber später [...]? Ich denke, wir waren einfach schon angepasst. Ohne nachzudenken an der Tribüne vorbei und ab zum Rummelplatz oder in die Kneipe.

*Zit. nach: Felix Mühlberg/Annegret Schmidt (Hg.), Zonentalk. DDR-Alltagsgeschichten aus dem Internet. Wien/Köln/Weimar 2001, S. 23 f.*

**M 3** **Jugend in der DDR**

1. Viele Kinder waren von Aufmärschen und Demonstrationen begeistert, weil ______________________

______________________________________________

______________________________________________

______________________________________________

2. Die FDJ sorgte dafür, dass ____________________

____________________

____________________

3. Ältere Kinder bzw. Jugendliche sahen die Veranstaltungen eher als Pflichtveranstaltungen und handelten

____________________

____________________

4. Kinder, die nicht Mitglied in der FDJ waren, wurden ____________________

____________________

____________________

M 4

**Zeichnung**

**1** Lies die Quellen M1 und M2 aufmerksam durch. Vervollständige anschließend die Sätze in M3.

**2** Wähle dir eine der beiden Textquellen aus. Zeichne auf dieser Grundlage in M4 ein Bild darüber, wie der Verfasser der Quelle seine Kindheit/Jugend in der DDR erlebte.

# War die DDR ein Unrechtsstaat?

*Schon unmittelbar nach dem Zusammenbruch der DDR und der Wiedervereinigung wurden Stimmen laut, die die DDR als einen Unrechtsstaat bezeichneten. Zunächst waren dies zu Beginn der 1990er-Jahre vorrangig Menschen, die in der DDR verfolgt und unterdrückt wurden, dann befasste sich ebenfalls die Geschichtswissenschaft mit dieser Frage. Auch heute noch sorgt die Frage, ob die DDR ein Unrechtsstaat war, für politische und gesellschaftliche Diskussionen.*

- *Was ist ein Unrechtsstaat?*
- *War die DDR ein solcher?*

**M 1** **Definition Rechtsstaat**

**M 2** **Der heutige Bundespräsident und frühere Bundesbeauftragte für die Unterlagen des Staatssicherheitsdienstes der DDR, Joachim Gauck, am 18. April 2009 in der Mitteldeutschen Zeitung über die Frage, ob die DDR ein Unrechtsstaat sei**

Der Begriff trifft zu, weil es in der DDR keine Unabhängigkeit der Justiz gab, keine Gewaltenteilung. Es gab keine Herrschaft des Rechts, weil eine Instanz wie die herrschende SED in den Bereich de Rechts eingreifen konnte. Nicht jedermann konnte das, aber die zentralen Führungsinstanzen der Partei sehr wohl. Zudem war es unmöglich, staatliches Handeln auf dem Gerichtsweg anzugreifen, man hätte dazu die Verwaltungsgerichte gebraucht. Aber die gab es ebenso wenig wie ein Verfassungsgericht. Man konnte allerdings, wie im Feudalismus, Eingaben an die Herrschenden richten und appellieren: Hier geschieht Unrecht. Und dann hatte man vielleicht Glück. Oder eben nicht. Das spricht alles dafür, das Regime der DDR ein Unrechtsregime zu nennen, auch wenn es im Land zum Beispiel ein Zivil- und ein Verkehrsrecht gegeben hat, was die Verteidiger der DDR immer wieder anführen.

*Zit. nach: Everhard Holtmann, Die DDR – ein Unrechtsstaat?, www.bpb.de (Abrufdatum: 08.08.2013)*

**M 3** War die DDR ein Unrechtsstaat?

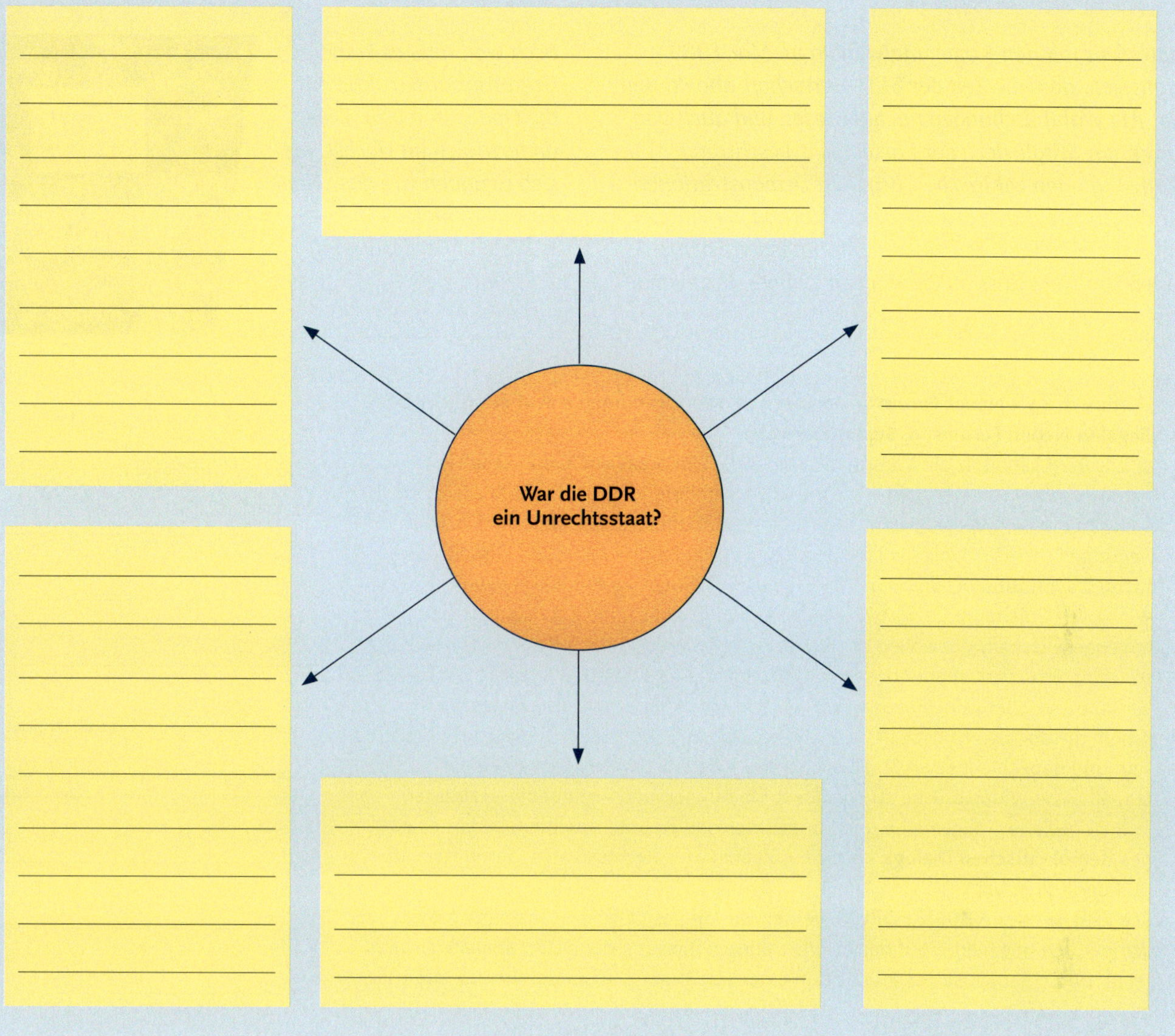


**M 4** Eigenes Urteil

1 Definiere in M1 den Begriff des Rechtsstaates.
2 Lies dir den Text in M2 gut durch und arbeite die Argumente Joachim Gaucks heraus.
3 Erarbeite auf dieser Grundlage Kriterien, die deiner Meinung nach einen Unrechtsstaat kennzeichnen, und prüfe in M3, ob diese für die DDR zutrafen.
4 Verfasse in M4 ein eigenes Urteil zur Frage, ob die DDR ein Unrechtsstaat gewesen sei.

# November 1989 – die friedliche Revolution

*Spätestens mit den Kommunalwahlen im Mai 1989 zeigte sich, dass die Zeit der SED-Herrschaft abgelaufen war. Als Wahlfälschungen nachgewiesen und auch von führenden Mitgliedern der Partei nicht bestritten wurden, gingen zahlreiche Bürger zu Demonstrationen auf die Straße. Nach dem Leipziger Vorbild versammelten sich viele Menschen zu den „Montagsdemonstrationen" im Anschluss an die Friedensgebete. Problematisch war, dass es keine Organisationsstruktur für die Opposition gab. Dies änderte sich im Herbst, als sich Gruppen wie das „Neue Forum" bildeten.*

- *Welche Forderungen stellten sie?*

**M 1** **„Aufbruch 89 – Neues Forum" – Auszug aus dem Gründungsaufruf des in der DDR illegalen Neuen Forums, 9. September 1989**

In unserem Lande ist die Kommunikation zwischen Staat und Gesellschaft offensichtlich gestört. Belege dafür sind die weitverbreitete Verdrossenheit bis hin zum Rückgang in die private Nische oder zur massenhaften Auswanderung. Fluchtbewegungen dieses Ausmaßes sind anderswo durch Not, Hunger und Gewalt verursacht. Davon kann bei uns keine Rede sein. [...]

Wir wollen Spielraum für wirtschaftliche Initiative, aber keine Entartung in eine Ellbogengesellschaft. Wir wollen das Bewährte erhalten und doch Platz für Erneuerung schaffen, um sparsamer und weniger naturfeindlich zu leben. Wir wollen geordnete Verhältnisse, aber keine Bevormundung. Wir wollen freie, selbstbewusste Menschen, die doch gemeinschaftsbewusst handeln. Wir wollen vor Gewalt geschützt sein und dabei nicht einen Staat von Bütteln und Spitzeln ertragen müssen. [...]

Um all diese Widersprüche zu erkennen, Meinungen und Argumente anzuhören und zu bewerten, allgemeine und Sonderinteresse zu unterscheiden, bedarf es eines **demokratischen Dialogs** über die Aufgaben des Rechtsstaates, der Wirtschaft und der Kultur. [...]

Die Tätigkeit des NEUEN FORUM werden wir auf gesetzliche Grundlagen stellen. Wir berufen uns hierbei auf das in Art. 29 der Verfassung der DDR geregelte Grundrecht, durch gemeinsames Handeln in einer Vereinigung unser politisches Interesse zu verwirklichen.

Wir bilden deshalb gemeinsam eine **politische Plattform** für die ganze DDR, die es Menschen aus allen Berufen, Lebenskreisen, Parteien und Gruppen möglich macht, sich an der Diskussion und Bearbeitung lebenswichtiger Gesellschaftsprobleme in diesem Lande zu beteiligen. Für eine solche übergreifende Initiative wählen wir den Namen NEUES FORUM. [...]

Allen Bestrebungen, denen das NEUE FORUM Ausdruck und Stimme verleihen will, liegt der Wunsch nach Gerechtigkeit, Frieden und Demokratie sowie Schutz und Bewahrung der Natur zugrunde. [...] Wir rufen alle Bürger und Bürgerinnen der DDR, die an der Umgestaltung unserer Gesellschaft mitwirken wollen, auf, Mitglieder des NEUEN FORUMS zu werden. Die Zeit ist reif.

*Zit. nach: Bernd Lindner, Die demokratische Revolution in der DDR 1989/90, Bonn (Bundeszentrale für politische Bildung) 2001, S. 50.*

1 Beschreibe mithilfe von M1 den Zustand in der DDR aus Sicht des Neuen Forums. Benenne seine Forderungen.

**2 Wähle aus:**

**a)** Stell dir vor, du bist ein Mitglied des Neuen Forums und nimmst an einer Demonstration teil. Gestalte ein Plakat. Nutze dafür ein Blatt im A3-Format.

**b)** Stell dir vor, du bist ein Mitglied des Politbüros der SED und sollst auf diesen Gründungsaufruf reagieren. Erstelle ein Schreiben, das du an die führenden Mitglieder des Neuen Forums schickst. Schreibe dieses in dein Heft.

*Die Zeit vom Mauerbau 1961 bis zur Wiedervereinigung 1990 stellt einen besonderen Teil der deutschen Geschichte dar. Zwar war Deutschland in seiner Geschichte schon oftmals in mehrere Staaten zerfallen, jedoch war die Gegensätzlichkeit nie so groß wie in der Phase des Kalten Krieges. Die Erfahrung der Teilung prägt die Menschen noch in der Gegenwart sehr stark. Hinzu kam, dass die beiden deutschen Staaten durch internationale Entwicklungen massiv beeinflusst wurde. Hier kannst du zum Abschluss überprüfen, was du über diese bedeutende Epoche weißt.*

**M 1**

**Lügentext zur deutschen Geschichte**

Die Föderale Republik Deutschland war seit den 1960er-Jahren wirtschaftlich der stärkere Teil Deutschlands. Der westliche Staat war durch die Einführung der Planwirtschaft durch Ludwig Erhard klar im Vorteil. Im Osten, der Deutschen Diktatorischen Republik, herrschte dagegen der Kapitalismus. Dieser sorgte dafür, dass die Produktivität zu gering war und es viele Arbeitslose gab. Neben der wirtschaftlichen Schwäche der Bundesrepublik Deutschland führte auch die politische Unterdrückung zu Unzufriedenheit. Die Opposition konnte frei ihre Meinung äußern und wurde von der SED bei wichtigen Fragen hinzugezogen. Im Westen gab es freie Wahlen, in denen jeder Bürger die Einheitspartei wählen konnte. Der Bundestag kam in der westdeutschen Hauptstadt Berlin zusammen. Die Volkskammer der DDR hatte ihren Sitz in Schwerin. Die Jugend spielte für die BRD eine besondere Rolle. Es gab zahlreiche Jugendorganisationen wie die „Honecker-Jugend", in der die Jugendlichen auf die politischen Ziele hin erzogen wurden. Im Westen gab es ähnliche Gruppen, wie die „Kohl-Bande". Letztlich setzte sich das sozialistische System durch. Mit der Wiedervereinigung 1992 konnte die SED die Herrschaft über das gesamte Deutschland übernehmen.

*Verfassertext*

**M 2**

**„So lachte man in der DDR", ein Witz**

Reagan, Breschnew und Honecker fragen den lieben Gott, was im Jahr 2000 sein wird. Zu Reagan sagt der liebe Gott: „Im Jahre 2000 werden die USA kommunistisch sein." Da wendet sich Reagan ab und weint ganz bitterlich. „Und was wird mit der Sowjetunion?", fragt Breschnew. „Die Sowjetunion", sagt der liebe Gott „wird aufgesogen vom Großchinesischen Reich." Da wendet sich Breschnew ab und weint ganz bitterlich. „Und wo steht die DDR im Jahre 2000?", fragt Honecker. Da wendet sich der liebe Gott ab und weint ganz bitterlich.

*Zit. nach: So lachte man in der DDR. Witze und Karikaturen, München (Wilhelm Heyne Verlag) "2008, S. 118.*

**„Das hat mich besonders interessiert"**

1 In den Text M1 haben sich einige Fehler eingeschlichen. Finde und unterstreiche diese. Korrigiere sie anschließend neben dem Text.

2 Lies den Witz in M2 und versuche, die zentrale Aussage mit historischen Fakten zu belegen.

3 Trage in den Kasten „Das hat mich besonders interessiert" ein, was dich an der Thematik Deutschland von der Teilung bis zur Vereinigung besonders interessiert hat, und erläutere warum.

# Arbeitsheft Geschichte

Band 4: Vom Ende des Ersten Weltkrieges bis zur Gegenwart


| | |
|---|---|
| Erarbeitet von: | Andreas Angerstein und Marko Schulz, Magdeburg |
| Redaktion: | Angela Lucke |
| Bildassistenz: | Dagmar Schmidt |
| Umschlaggestaltung und Layoutkonzept: | Ungermeyer, grafische Angelegenheiten, Silke Rosemeyer (unter Verwendung eines Fotos von der East-Side-Galery, Berliner Mauer (Ausschnitt), 2010; corbis images) |
| Layout und technische Umsetzung: | Jutta Stindtmann, Berlin |

**www.cornelsen.de**





1. Auflage, 1. Druck 2013

Alle Drucke dieser Auflage sind inhaltlich unverändert
und können im Unterricht nebeneinander verwendet werden.





Druck: Himmer AG, Augsburg

ISBN 978-3-06-064635-7

Inhalt gedruckt auf säurefreiem Papier aus nachhaltiger Forstwirtschaft.